SUSPENDED COMMONWEAL

待用公益

富而有爱，贫而有助，待用公益，传递爱心

待用公益官方网站：www.daiyong.org

待用快餐公益官方网站：www.daiyongkuaican.org

待用快餐官方微博：@待用快餐

待用快餐公益行动
响应商家
魏家凉皮
魏家凉皮
NO:004
WEIJIA
魏
since 1999
欢迎光临

四季
四季wifi无线特色餐厅
川菜. #待用快餐#给我

待用快餐 献出一份爱 温暖社会心
5元素食
感恩有您!!!
热烈祝贺5元素食“待用快餐”响应商家
敬老颂孝 弘扬中国传统文化
10月13日重阳节全天自助餐免费(敬请60岁以上长者和6岁以下小朋友开心享用)
健康养生自助餐
营业中 冷气开放
待用快餐 健康素食 免费赠送
低碳生活 每周一
燕麦花生包
荷香糯米
杂粮粥

弘善素食
待用快餐公益组织
待用快餐公益行动
响应商家
感受关怀 传递爱与信任
待用快餐理念的起源
南华中路
247
有困难的 您也请进
店免费享 用一份
待用快餐

小善大爱

待用改变中国

陈里 ◎ 著

中国和平出版社

图书在版编目（CIP）数据

小善大爱：待用改变中国 / 陈里著. -- 北京：中国和平出版社，2014.10
ISBN 978-7-5137-0884-5

Ⅰ.①小… Ⅱ.①陈… Ⅲ.①慈善事业—概况—中国
Ⅳ.①D632.1

中国版本图书馆 CIP 数据核字 (2014) 第 233810 号

小善大爱：待用改变中国
陈里 著

出 版 人：肖 斌
责任编辑：刘浩冰
装帧设计：王颖会
责任印刷：石亚茹

出版发行：中国和平出版社
发 行 部：010－82093806
网 址：www.hpbook.com
经 销：新华书店
印 刷：北京艺堂印刷有限公司
社 址：北京市海淀区花园路甲 13 号院 7 号楼 10 层（100088）

开 本：710 毫米 ×1000 毫米 1/16
印 张：13
字 数：173 千字
版 次：2014 年 12 月北京第 1 版 2014 年 12 月北京第 1 次印刷

ISBN 978-7-5137-0884-5 定价：32.80 元

前言：待用公益，温暖邀约

一年前，我通过三条微博向社会发起开展“待用快餐”公益活动的号召，提倡人们在外出就餐时，在经济条件允许的情况下，向餐厅支付一两份食物的预付款，留给那些需要帮助的人无偿使用。这一理念通过微博迅速呈现几何级传播，“待用快餐”很快在爱心餐厅中落地生根，并迅速壮大。此后的发展，也正如我所期望的那样，“待用快餐”不仅自身发展势头良好，而且带来了“待用公益”的拓展和延伸。“待用饮用水”“待用图书”“待用理发”“待用家政”等公益项目竞相涌现，无论是生活必需品，还是精神必需品，都迫不及待地登上了“待用”这个参与便捷的公益平台，既为那些尚处于困境的人们送去了实际的生存帮助，也为他们带来了一缕心灵暖阳。

我长期研究三农和社会管理问题，知道很多弱势群体犯罪的原因不仅仅是因为贫穷，还源于他们得不到最基本的关爱和尊重，从而对社会产生怨愤与冷漠。如何弥合弱势群体与社会之间的鸿沟？如何让弱势群体感受到社会的关爱与尊重？“待用公益”可以说做出了一些尝试。

“待用公益”传递的是“富而有爱，贫而有助”的公益理念。在“待用”的爱心链条中，认购者和领用者并不见面，这就最大程度上给予了弱势群体有尊严的帮助。

“仁爱”历来是中华民族传统文明的重要部分，是儒家道德的核心精神，无数事实也证明，在当下，在中国这片大地上的人民并不缺乏爱心，缺乏的是一条合适的、让爱心可以释放的渠道。爱心憋的太久也是会生病的，个人是这样，我们的大家庭也是这样。让社会倚靠有效的爱心释放途径来保持良性的运转，让富裕起来的人和尚且贫穷的人找到彼此链接、彼此沟通的平台，这正是“待用公益”落地的初衷和努力实现的愿景。

“待用公益”的发展速度是非常喜人的，目前，单单是“待用快餐”这一个分支，全国已经有 30 多个城市，300 多家店面在积极响应。在这个发展过程中，我有两个没想到：一是没想到认购的人会这么多，老百姓愿意将 10 块、20 块钱放在素不相识的商家那里，愿意将饭菜送给素不相识的人吃，这说明老百姓的爱心程度是很高的；第二个没想到的是：截至到目前为止，全国的各大响应商家，没有发生过一起“冒领”事件，也没有发生过一起同一个人没完没了，整天去领用的情况，这说明弱势群体的道德水平是很高的。这两个“高”激发了参与者的热情，也加大了观望者对“待用公益”的信心。

“待用公益”才刚刚起步，取得了一定的成绩，也引发了更多的思考。我常说：“企业经营的是产品，公益经营的却是人心。不管多昂贵的产品也总是有价格的，可善心是无价的。”作为“待用公益”的发起人，我真心希望“待用”可以做到“公益长青”。我诚挚地期盼，在各级人民政府的大力支持下，在待用志愿者们的辛勤工作下，在商家的积极响应下，在媒体的爱心宣传下，在爱心人士的踊跃参与下，“待用公益”可以一路脚踏实地、稳扎稳打，让爱心能够更放心地绽放，为更多弱势群体送去温暖，源源不断地为我们这个社会带来感动。

这是一本“待用公益”诞生一周年的成长手记。很多朋友在看过手稿之后，流下了眼泪。感动源于真实，更源于心底的那份慈爱。希望更多的人在看完“待用公益”的故事后，可以成为爱心中温暖的一环，去传递爱，感受爱。这也是我最终决定将手稿整理成册，推向社会的动力。

通过这本书，我期望那些已经参与其中的人，能更加了解“待用”发展背后的故事；我期望那些观望的人可以马上付诸行动；我更期望，那些从前对公益却而远之的人可以欣然赴约，走进“待用”；我最最希望的当然是我们的弱势群体可以从这本书中感受到这个社会、感受到每一个心怀善念的人对自己的关爱。

我们都是中国人，生活在同一片土地，同祖同根，同愿同向——让每一个人都感受到社会的正能量，让每一个人都有实现中国梦的可能。就让“待用公益”将这爱心传递，让“待用公益”这列呼啸行驶的列车，装载充满爱心的你和我；让我们共同努力，汇小善，聚大爱，让“仁爱”这一中国传统文化的瑰丽继续在大地上绽放，让“待用”成为人们的生活习惯，共同推动“待用公益”成为一种文化现象，谱写更多美好的诗篇！

陈　里

2014 年 10 月 15 日

目　录

SUSPENDED COMMONWEAL

缘　起
“待用”的@之旅

行　动
公益2.0时代，你、我、他……我们一起改变世界

创　新

“待用”，这种慈善很时尚

践　行

不做“一阵风”公益，总有你可以参与的

意　义

总有一种坚守无可替代

传　承

你若行动，便见一抹阳光

召　唤

请更多的人认识我，然后加入我

缘　起

SUSPENDED COMMONWEAL

“待用”的@之旅

我坚信，当一个源自灵魂深处的善念从想法变为实践，定会与千万人产生共鸣！

三条微博，吹响“待用”的号角

火车在夜色中高速行驶着。自从2010年12月3日，中国自主研发的“和谐号”CRH380高速动车组成功试运行以后，人与人身体的距离仿佛就被拉近了。也是在那一年，网络上出现了一个叫作“微博”的新生事物，人与人心灵的距离仿佛也被拉近了。而我也是从那个时候起，就把自己的心放在了那140个字的方寸间，在那里抒发自己的心声，倾听别人的诉说。在这种抒发与倾听之中，碰撞着智慧的火花，交流着内心的情感，接受着别人的帮助，也实实在在地帮助了别人。

“三农、社会学学者，管理学博士”，这就是我在那个方寸的个人标签。正因如此，我的大部分目光也就很自然地停留在了三农和社会问题上。随着与网友们的互动越来越多，也开始有更多的人@我，希望可以得到方寸之外的帮助。这些网友中，有的是自身遇到了困难，也有很多是代别人表达呼声。毕竟还有很多人不知道这个方寸，又或者是还没有进入这个方寸的条件，比如说拥有一台电脑，或者是一部可以使用微博的手机。

在我目光锁定的那一块区域，我看到了很多对弱势群体的如实转“微”：沿街乞讨的老人、无家可归的孩子、生活不能自理的残疾人、生活在城市边缘的农民工……那一幅幅真实的画面，网友们一段段深情的呼唤，让我的心很痛。这种心痛让我不止一次去网友们那些微博的真实“发源地”，近距离地接触弱势群体。他们并不知道我是谁，也正因为他们只把我当成一个路过此地，随手给他们一点帮助的陌生人，我才真实地听到了他们的呼吸，感受到了他们的心跳。

作为一名社会学的研究学者，致力于对某一种社会现象的研究是我责无旁贷的义务。但是，对我来讲，针对具体的社会问题，迈出实实在在的解决步伐更是一种使命。

如何给予这些弱势同胞更切实、更全面的帮助，这个思考就像我的影子一样，一直追随着我，阳光越是强烈，它就越是清晰。看着城里的孩子背着漂亮的书包，走进宽敞的教室；看着城里的老人在子女的陪同下定期去医院做体检；看着健全的人在操场上快乐地奔跑；看着白领们在写字楼里吹着空调……每当我沉浸在这些阳光里的时候，我的影子总会提醒我，在另外一些角落，还有些流浪者，他们最大的心愿是能填饱肚子；还有一群孩子，他们最大的渴望是能走进课堂；还有很多老人，他们最迫切的需要是得到关心和照料。我喜欢阳光下的感觉，但是我知道，一味地沉醉不是一个学者该走的路，那条缺少阳光的路上，更需要学者的脚印。

于是，就在2013年4月12日的晚上，在那辆高速行驶的列车上，我发出了这样三条微博：

我觉得在中国一些快餐店，可以为一些残疾人、老年贫困者，提供一些“待餐盒饭”。这更符合中国国情，也给弱势群体一定的尊严。公益人士、大学生可以献一份爱心。有倡议的正规餐饮点，就一定有志愿者。包括一些馒头店、早餐店。这要有现代意识啊！最好是符合卫生规定的连锁店。有人尝试吗？

在中国一些快餐店，可以为一些残疾人、老年贫困者、流浪儿童，提供一些“待餐盒饭”。这更符合中国国情，也给弱势群体一定尊严。公益人士、爱心市民、大学生可以献一份爱心。最好是一些符合卫生规定的连锁店，并经过有关部门许可，向社会公示，应该是可以的，支持吗？

我认为在一些正规餐饮场所，如果跟前有贫困者的话，爱心人士可以顺手多买一份“待餐食品”，并由饭店经营者以适当形式告诉旁边的贫困人员。这是一项阳光的公益慈善，也是培养爱心的群众教育活动。同意者转发！征寻爱心企业和首批倡议者！我愿意做，还有人吗？

“待用快餐”，就是人们提前将一两份食物的预付款寄存在餐馆内，留给那些需要帮助的人无偿使用。发起“待用快餐”的行动，旨在给予我们的弱势同胞有尊严的帮助，开展一项全社会都可以参与的公益行动。

发出这三条微博已经是晚上 11 点多了，我知道不会有太多的人在当晚就看到我的呼吁。但是我想，即便只有一个人看到了，那么在这个夜晚，对“待用快餐”的思考就不再只有我一个人。而之所以在短时间内连发三次呼吁，一是为了引起还没有下线网友的关注，二也是为了表达我对这项行动可以迅速展开、迅速燎原的真切期盼。道家讲“三生万物”，我也希望这个“三”能够唤起“万民”。《易经》说“二人同心，其利断金”，更何况是万万人同心呢。

“待用快餐”的号角是吹响了，但在未来的传递会是怎样，当时我的心里也没有底。但是我的脑海中一直有这样一个信念——凡是发自灵魂深处的善念就一定会得到很好的传播。

第一声爱的回响

2013 年 4 月 12 日晚，我通过微博将开展“待用快餐”行动的呼吁发了出去。让我高兴的是，第二条微博发出去没多久，就有一名叫作“终南卧云”的网友通过微博告诉我，他的店支持这项行动，并且他本人首先每天提供 5 份快餐“待用”。后来我才知道，这个发出第一声回响的人名叫高文麒，来自我们的宝岛台湾，是西安“御上文化厨房”餐饮店的老板。

高文麒老板（以下简称高老板）在回复微博的第二天就在店里挂上了“本店提供免费‘待用快餐’，请入内点餐”的招牌。这是西安第一家加入到“待用快餐”行动的餐厅，也是全国的第一家。正当高老板兴致勃勃地去践行这个爱心活动时，他却没想到，这个“第一名”带给他的首先是质疑。

高老板说：“我是一名自由撰稿人，今年已经 50 岁了，来自台北。在西安已经生活两年多了，2012 年年底接手了朋友的一间餐厅。装修以后，到 2013 年年初才刚刚开业。”

也许是因为高老板的餐厅刚刚开张不久，所以他加入到“待用快餐”行动的时候，就有很多人发出质疑，认为他的举动是一种对自己店面的宣传与炒作，是为了扩大这家新店的知名度，完全是出于广告宣传的目的。更有甚者说他是利用别人的同情心，为自己的店面贴“金”。

“待用行动”的火把刚刚传递出去，它的小火苗才刚刚开始跳动，这第一个持棒人非常关键。如果这第一棒燃烧得不好，很有可能打击到其他准备加入者的信心。作为行动的发起人，我有保护这个火把的责任，更有鼓励第一个持棒人的责任。于是我找了个时间，去了一趟“御上文化厨房”，见到了高老板。

面对这些人的质疑，高老板说：“我成为‘待用快餐’的响应商家，只是想做一点小事，真是没想到受到了这么多的关注。其实，我就是怀着一颗真诚的心，想为困难的朋友提供些帮助。这些质疑，我认为是没有恶意的，毕竟我是第一个响应的商家，也凑巧我的店面刚刚开业不久，大家将两件事联系在一起看也是可以理解的。不过，我相信时间是最好的证明。况且我们所提供的‘卤肉饭套餐’，正常的出售价是16元，但是作为‘待用快餐’的时候，我只收取10元，略低于成本价。成本线都跨过了，哪里还能贴金呢，要贴也是‘倒贴’吧？”

我鼓励他，任何事总要有人迈出第一步，很感谢他愿意站在第一名的位置上，让这个爱心活动有了一个很好的开始。这也让我这个发起人看到了爱心的力量，不仅是让人愿意付出帮助，还让人有了接受怀疑的勇气和坚持下去的毅力。我还告诉他，这些怀疑声音的存在并不是坏事，这说明有越来越多的人对“待用快餐”产生了关注。这些人之所以会去怀疑，正是因为他们的心底非常希望这项公益事业很好地发展下去，他们担心有的人出发点不是公益，所以才会直言不讳地指责你。我想，这种指责也是一种监督和鞭策，不仅是对他，也是对未来所有加入的商家。

高老板表示，他不会因为这些没有看清楚真相就发表出来的评论而放弃这项有意义的行动，同时他也希望随着行动的进行，这些对他质疑的人在看到事情真相以后，会从内心里还他一个清白。轻松的语调，幽默的话语，让我感受到了他内心的强大力量，我想如果要为这种力量找到一个来源，那也只能是心底那份真爱了。

“御上文化厨房”推出“待用快餐”的第一天，并没有人前来认购或是认领。随后，高老板再一次通过微博发出自己店面提供“待用快餐”的信息，并在推出“待用快餐”的第二天，将打印好的告示张贴在了店内：“作为传递善心的桥梁，本店于每天午餐时间提供5份‘待用快餐’，同时我们也欢迎您认购‘待用快餐’，给我们周边需要帮助的朋友一点温暖与尊严，为他们提供热腾腾的一餐。”几位看到微博的网友在当天去认购了几份，而在当天也有一位老人成了“待用快餐”的第一位领用者。看到这条“待用”的河流终于开始在认购者和领用者之间流淌开来，我的心里真是有说不出的喜悦。

在成为第一个践行“待用快餐”的人以后，高老板也就成了第一个对“待用快餐”进行思考的商家。现在他表示自己颇有心得，他也希望一些新加入到“待用快餐”行动的成员，如果有疑问的话可以和他沟通，他愿意将自己在实践中做出的总结与更多的人分享，他希望能与大家一起讨论，寻找到更加有利于“待用快餐”推广的方法。

有很多商家担心启动“待用快餐”会干扰到店里的正常营业。对于这种顾虑，高老板说：“如果商家存在这种顾虑，可以将供应的时间段与用餐高峰错开一些，但是必须有明确的指示。例如将‘待用快餐’服务时段安排在下午1：30到4：30，错开营业高峰。因为我的店里午餐、晚餐的经营模式完全不同，所以我的‘待用快餐’服务是从上午11：30到下午2：00的午餐时段。”

还有商家担心启动“待用快餐”却没有人前来认购。对于这一点，高老板说：“凡事总要有个带头的人，一开始认购的人必定是少数。我建议店家自己先认购一小部分，不久之后一定会有其他的善心朋友来认购。同时，我也建议加入的商家根据自己的实际情况，对每天可以认购的‘待用快餐’设定一个上限。如果超过了这个上限就暂时停止接受认购，等到数量低于设定上限再恢复。因为每一份认购都是顾客对商家的托付，过多的资源堆积，不仅是不必要的浪费，也会给商家造成压力。而对于每天提供的可以认领的份数也要有一个限制，如果‘待用快餐’的份额用完了，还有取用者过来的话，就不再提供了。否则对于经营者可能会造成无法估计的庞大负担，一旦变成无限制提供，那肯定会让许多参与的商家退出，对‘待用快餐’造成无法估量的损失与伤害。我建议店家可以在门口明显处放置‘本店提供“待用快餐”，请入内取用’的标志，当份额用完时，则改成‘本店“待用快餐”已满额’。”

在实践中，也有很多企业界的朋友想一次性从“御上文化厨房”认购大量的“待用快餐”，但是都被高老板拒绝了。他的理由是，如果接受了这种大额度的认购，就失去了“待用快餐”那种“大家帮助大家”的本意，变成了某个大企业的形象宣传。所以，他只接受到店里来的顾客认购，并且为每位顾客设置了每人最多认购三份的认购上限。对于这样做，他的理由是：“提供‘待用快餐’虽然不会增加商家的直接成本，对于间接的人力、时间成本的增加也极为有限，但如果数量大就一定会造成间接成本的增加，影响店里的正常营运。如果每天限量，有份额而不提供，那又违背了‘待用快餐’的本意。”因此，他不接受这样的认购，他认为这种形式的善举与“待用快餐”宗旨不合。

我记得有一次去“御上文化厨房”，看见高老板站在那块写着“‘待用快餐’累计认购 × 份，取用 × 份，待用 × 份”的黑板前，一副很忧郁的样子。我问他是不是遇到了什么困难，说出来，大家一起想办法。他说目前最大的困难不是没有人认购，而是认购的人很多，领取的人却很少。

听到他的话，我对他讲：“我觉得认购的人多这是好事，这说明‘待用快餐’这项公益活动是很有群众基础的。另一方面，领用的人少这可不是坏事，那是因为我们的宣传工作还没有到位。相信通过这些爱心人士、媒体的信息传递，你一定会帮助到更多的人。”听到我的话，他的眉头舒展开了，我感觉他的表情很像是在看“待用快餐”的明天。

我的粉丝，我的财富

我一直都说作为一个现代人，有四件事是一定要学会的：一是开车；二是懂一门外语；三是懂计算机；最后一个就是要会上微博。所以，我有时候也会和那些在我最初决定开微博时劝我不要“赶时髦”的朋友们开开玩笑，我说你看你们 OUT 了吧。起初他们还不以为意，直到他们知道“待用快餐”这个行动就是通过微博发起的，才开始对那 140 个字的小天地产生了极大的兴趣，纷纷拿起了鼠标，开始了 @ 之旅。偶尔大家在一起调侃的时候，还会叫我一声师父，我就笑笑说暂时还没有去西天取经的计划。他们就说那正好，既然不去取经，那就先给我们讲讲你的“微经”吧。

我想如果说真有“微经”的话，那我的“微经”最重要的就是当你发出一条微博以后，一定要用心倾听网友们的评论，而且一定要尽量对他们提出的问题进行解答。只有你用心聆听了他们的心声，他们才会给你提出更多宝贵的意见。一个人的脑子再好用，它的容量也是有限的，而微博给你的却是一个智囊团。

发出推行“待用快餐”的呼吁以后，我也一直在关注着我的粉丝对此事的看法。我很感谢我的粉丝们愿意对这个号召进行思考，而且愿意就这种思考与我在微博中一起讨论。我认为这种讨论非常好，也非常有必要。因为在讨论中，许多疑问有了解答，各种设想也变得更具条理性和可实践性。

微博就是一片收获智慧的园地，而那些提问，就是打开大家进入更深层次思考之门的钥匙。这里我总结了这些爱心人士对“待用快餐”的讨论和大家最后达成的共识。

网友提问：“如果最后这饭没有真正送到需要的人的嘴里怎么办？是不是可以验证一下领用者的身份。其实，直接买了盒饭送给需要的人不是更好吗？”

最后的共识：这个提问恐怕也是很多人想要表达的。一是我们怎么能知道这些来领用“待用快餐”的人就是真正需要帮助的人呢？如果有些好吃懒做、浑水摸鱼的人前来冒领的话，那岂不是破坏了我们倡行“待用快餐”的初衷。二是如果商家收了认购的钱，却占为己有，那怎么办？

我们不能否认社会上确实存在一些喜欢占小便宜的人，我们也承认如果启动身份验证会在很大程度上将这一部分人从领用队伍中排除出去。但是发起“待用快餐”的行动，目的是让我们的弱势同胞得到有尊严的帮助。比起我们弱势同胞的尊严，那几盒被冒领的餐盒就显得微不足道了。而且我们要相信爱心的力量是可以感染很多东西的。当然，这个影响需要一个过程，不可能一夜之间完全改变。但是一旦这个人周围有一股群众性的爱心活动，那种影响是巨大的，足够大到让他从不敢去做，到不想去做，到最后以那么去做为耻的地步。至于说到商家将认购的钱占为己有，我想这个情况出现的概率是很小的。商家既然决定参与这个爱心活动，就说明他本身是有爱心的。当然，提出这种顾虑也是很有必要的，所以应该提出倡议，让商家将每天的认购份数和领用份数上墙，接受广大人民群众的监督。通过自觉遵守和群众监督，双管齐下地去保障我们爱心人士的爱心不会在半路被“拐带”。

至于网友说“直接买了盒饭送给需要的人”，这自然是一种很好的举动，值得我们去赞赏。但是，我们很多人毕竟不是从事餐饮行业的。我们有自己的工作和相应的工作时间，偶尔买个一次两次还可以，如果说每天去给需要帮助的人送饭就很不现实了。但是，餐店不一样，供应餐饭就是他们的工作。所以他们帮助我们去做，既不会耗费我们额外的时间和精力，又可以长久地进行下去。

网友提问：“如果商家在所提供‘待用快餐’的质量上打折扣，用一些不好的食材制作‘待用快餐’，让我们的弱势群体吃坏了身体，那岂不是没有帮到需要帮助的人，反而是害了他们吗？”

最后的共识：事实上，“待用快餐”和日常消费的餐饮是相同的，也就是说它的质量也是受到相关部门的监督管理的。另外，餐馆加入“待用快餐”行动，提供“待用快餐”，在帮助弱势同胞的同时，也是对自己企业形象的一种树立。如果一个餐馆正常的经营没有问题，反而在提供的爱心餐上打了折扣，那么这份折扣不是打在那份爱心餐上，而是打在了这个企业的整体形象和社会口碑上。作为商家，他们不会去冒这个险。

网友提问：“如果商家借着提供‘待餐食品’的名义，做宣传自己的事情，那岂不是用爱心顾客的爱心餐费给自己做广告吗？爱心餐费是爱心人士帮助需要帮助的人的，凭什么让商家用来给自己做广告？”

最后的共识：这个提问让我想起了一个故事。说有一个人掉进了水里，眼看着就要被淹死了，刚好子路经过，他赶紧将其救了上来。后来，这个人牵了一头牛给子路。在孔子生活的年代，这一头牛绝对称得上是厚礼了。子路接受后将这件事告诉了自己的老师和师兄弟们。师兄弟们都认为子路做得不对，做好事怎么可以收受别人的礼物呢？只有老师称赞子路做得对，说：“从今以后，鲁人必多拯人于溺矣！”孔子并没有将目光盯在子路收受礼物这件事本身，而是看这件事本身会对社会造成什么样的影响。因为它的影响是正面的，所以，孔子表扬了子路。就像子路的师兄弟认为子路救人不该收取礼物一样，我们也都认为加入到“待用快餐”行动的商家不应该将这项公益事业作为自己打广告的顺风车。但是，如果这辆顺风车在行驶的时候可以承载更多需要帮助的人，为他们提供帮助，能够吸引更多原本并没有意愿想要加入的商家加入到这个行动中来，这也不是一件坏事。

网友提问：“领取‘待用快餐’以后，领用者如果在店内食用会不会影响到其他客人呢？例如一些流浪汉，如果他们在店内用餐，会不会让很多客人不愿意进入店内用餐呢？”

最后的共识：是否同意领用者在店内用餐，这主要还是取决于商家的实际情况。提供“待用快餐”的餐厅，最好是那种主副食可以完整一份打包外送的快餐类企业。我们建议商家对“待用快餐”采取外带的供应形式。因为是爱心人士奉献的爱心，所以我们要求“待用快餐”的售价与成本价持平或者略低于成本价。既然“待用快餐”的售价是成本价，甚至略低于成本价，那么如果一些领用者占据商家的营业空间，必然会影响到商家的正常营业，对商家的生意造成影响。我们不应该把对一部分人的爱心传递建立在损害另一部分人利益的基础上。当然，如果商家遇到坚持要留在店内用餐的领用者，我们也希望商家可以给予这些领用者和普通顾客一样的待遇。既然“待用快餐”的本意是给我们需要帮助的同胞有尊严的帮助，那么也请尊重他们的选择。

网友提问：“有一年我在乌鲁木齐幸福路被一对神色焦虑的老年夫妇拉住，说是从甘肃过来找儿子的，找不到，一天多没吃饭了，能否给10元钱买点吃的。我给了10元，其实我当时感觉是碰到骗钱的了。走几步回头，老头在路边馕店买馕，老妇接过来狼吞虎咽。我赶紧走回去，掏了100元给他们。”

最后的共识：就因为这个社会上存在一些“职业乞丐”，他们在乞讨的过程中不仅仅拿走了我们的钱财，还拿走了我们心灵的温度。以至于懒于去辨别的我们就将眼前那些可怜巴巴的人统统贴上了“骗子”的标签。“骗子”并不会感觉到怎么样，但是那些真正需要我们帮助的人却受到了牵连。有了“待用快餐”，如果再有人在你面前乞讨，你就可以告诉他哪里提供免费的餐盒，让他去领取。这样，你不用担心被骗，即便在你眼前的真是“职业乞丐”，他能骗到的也仅仅是一餐饭。如果是真正需要我们去帮助的人，你也实实在在地帮助了他。所以，“待用快餐”一方面给予了那些需要帮助的人及时的帮助，另一方面也在某种程度上净化了那些“职业乞丐”。

我一直都说，我的那些粉丝就是我最大的财富。这次“待用快餐”大讨论，再一次验证了我的话。一位网友用了一个很流行的节目表示对我的认同，他说我是“中国好声音”。那个节目我也有所了解，四位导师背对着参赛选手，通过听他们的演唱来决定是不是按动可旋转座椅的旋转按钮。如果导师转过来了，就说明他愿意收这个参赛选手做他的学生，也就表示这位选手初步实现了自己的音乐梦想。这个节目很火爆。对网友的这个评价，我真是愧不敢当。我哪里是什么好声音，网友们积极讨论，为“待用快餐”献计献策，他们才是真正意义上的好声音。同时，我也希望，当那名叫“待用快餐”的选手演唱时，会有许许多多的“导师”为之转身，会有许许多多的“导师”愿意收下这个学生，愿意去栽培它。

“待用快餐”刚刚迈出了自己的步伐，有了这些爱心人士的积极参与，我相信它一定会走得更加稳健。在未来的日子里，我也会继续向全社会发出倡议，真诚邀请更多的爱心人士，一起来丰富和完善这项公益事业，让它走得更好，帮助更多需要帮助的人。

复制，让待用承载更多的爱

我一直都说凡是发自灵魂深处的善念就一定会得到很好的传播，但是我还是没有想到当我打开"待用快餐"的周年相册时，会看到这样多的画面。从2013年4月13日西安"御上文化厨房"第一个加入，在这之后的岁月里，陆陆续续已经有30多个城市，近300家店面成为"待用快餐"的响应商家。这也就意味着几乎每一天都有新的商家加入。我们有了"待用"的志愿者团队，有了"待用快餐"的官方公益网站。一个呼吁就这样掀起了一场声势浩大的公益大行动。我记得冰心在《繁星》里写道："创造新陆地的，不是那滚滚的波浪，却是它底下细小的泥沙。""待用"，是一种平民慈善，体现了人民帮助人民的公益理念。是一种可以让老百姓随时随地奉献爱心，量力而行投身公益的形式，将个人微薄的力量积少成多，积沙成塔，相信未来也一定可以汇聚成一股不平凡的正能量。

在这个过程中，我们不仅看到了爱心商家的积极参与，也看到了爱心媒体的追踪报道。同时，一些地方政府在知道此事以后，相关部门也与当地的"待用"执行团队联系，共同推进这项公益事业。在社会各界的呵护下，"待用快餐"这个新生的婴儿迅速地成长了起来。在它成长的过程中，帮助很多人解了燃眉之急。我看着它一路成长，也仿佛看到了"拒绝挨饿，拒绝乞讨"这句话一语成真的那一天。"待用快餐"不仅仅帮助了真实的乞丐，对遏制社会上的"职业乞丐"也有着很重要的作用。如果我们在一个有"待用快餐"的城市遇到了一个沿街乞讨的乞丐，我们就可以告诉他，在哪里有免费餐提供，如果他真是乞丐，那么那顿饭就是他实实在在需要的帮助；如果是职业乞丐，“待用快餐”也间接剥夺了他懒以生存的土壤，没有人会给他们钱，如果确实饥饿，请去领取“待用快餐”。

当我们在街上再也看不到流浪的人群，当再也没有乞丐伸手问我们要钱，我们的心里是不是感觉到非常舒畅？我想那些认购过“待用快餐”的人会更舒畅，因为那个美好的画面中，也有他们画笔划过的痕迹。

让我们的街道上不再有乞丐，这只是“待用”乐章中的一部分，它还有一部分要演奏的内容是帮助那些失学的儿童。

社会上有这样一群特殊的孩子，他们用那纯净的双眸望着我们，望着这个社会，望着自己脚下的路。而他们的心愿，就是可以和同龄人一样，背上书包走进学校。但是，他们没有同龄孩子那么幸运，由于家庭贫困或其他原因，上学这件事对于他们来说，成了一件“奢侈品”。

作为一个父亲，每当我看到儿子聚精会神地看着课本，认认真真地做着笔记，我都觉得这个场景是世界上最美的场景；每当我听到儿子大声阅读，我都觉得这就是世界上最好的声音。因为这个场景，这个声音会告诉你，这个在十几年后长大成人的孩子是一个受过教育的孩子。比起那些没有进过学校的孩子，他有相对正确的价值观，他不会轻易地走错路，不容易滑向人生错误的深渊。但是，我们在欣慰自己的孩子在书声中成长的同时，还应想到那群由于经济原因失去接受教育机会的孩子。这些小天使过早地就被抛向了社会，在社会中艰难地生存。成人谋生尚且不易，何况是身无一技的孩子呢？再加上他们受教育程度低，对是非判断能力不够，很多孩子极有可能在这样一种残酷的现实中走向犯罪的道路。看着那一群天使般的脸孔最后扭曲成了魔鬼的嘴脸，我们是怎样的一种心情。所以说，如果今天没有人为这件“奢侈品”买单的话，那么在未来，我们可能就要付出高于这个“奢侈品”几倍，甚至是几十倍的代价。

很感恩这么多年来，“希望工程”帮助很多贫困山区的孩子解决了上学的难题。但是，贫困的不仅仅是山区，失学的也不仅仅是山区的孩子。

就在我们居住的地方，如果你很留心地去观察，你就会发现总有一些孩子在游荡。但是在那个时间，他们本应该坐在教室里。我想应该有些渠道，可以作为“希望工程”的有力补充，也许“待用”真的可以。

看到“待用快餐”的迅速传播，这实质上是一个讯号。这个讯号告诉我们，我国的土壤很适合“待用”模式的成长。“待用”是一个概念，而不是一个定义。它的模式可以被复制，它的内容也应该多样化。既然“待用快餐”具有消除乞丐的可能性，那么，“待用学费”会不会有一天可以让“失学儿童”这个词语从我们的字典中消失呢?

“待用学费”首先具有一个“最直接”的特性。对于那些失学的孩子，我想大体可以分为两种情况：一种是到了该上学的年龄，就没进过校园；另一种也许是家庭在孩子上学的某一个阶段，突然发生了重大的变故，导致这个孩子中途辍学。对于这种中途辍学的孩子，我想没有人比他的老师、他身边的同学更能及时了解他的情况。那么，如果有了“待用学费”，老师就可以直接根据孩子的情况与学费的管理机构联系，及时动用学费去帮助这个孩子。这比从任何部门申请援助都要迅速。而对于那些未曾进过校园的孩子，我想我们的教育部门、民政部门、街道办事处等一定是了解这些贫困家庭的状况的。我觉得可以将这些贫困家庭进行细分，具体到每个社区有多少个孩子，每个学校又有多少孩子，然后直接从“待用学费”中提取相应的学费金额，送这个孩子去上学。这种帮助，没有什么中间的环节，基本属于点对点的帮助，不需要复杂的申请，也不需要什么繁琐的审批。就是爱心人士的善举与受助孩子的直接对接。

一个孩子，从进入小学，到走出大学，需要几万元的学费。这几万元对于一个贫困家庭来说，就是一个天文数字。但是，如果我们将这个数字作为一个被除数，让很多人去做那个除数的话，其实数额真的很少很少。我们在为我们自己的孩子缴纳学费的时候，想想那些和他们一样年龄的小伙伴们。“幼吾幼以及人之幼”，多掏出来一点钱，给那些孩子“待用”吧。

其实我们也是在给我们自己的孩子“待用”，用爱给他们的未来营造一个更幸福的生活氛围。

让我们所有的孩子都有书读，有学上，这是一个多么美好的心愿。我想，只要我们勇于践行，这个心愿就会成真。想想那些孩子天真的笑脸，想想他们充满求知欲望的眼神，我想任何一个心中有爱的人都不会拒绝“待用学费”的呼唤。

说到孩子，我们又怎么可以忘记老人呢？我想这就应该是“待用”乐章的另一个部分。

我所住的单元有12户居民，在这12户中有两户比较特殊的公公、婆婆。失独成了这4位老人家共同的痛楚。随着年龄的增长，这份痛楚也在增长。年龄越来越大，虽说都是老两口相依为命，但是毕竟都是七八十岁的老人家了，照顾自己尚且是个问题，又何谈去照顾对方呢。看着别家的老人，有儿女绕在膝下，有孙子陪伴。自己孤苦伶仃，生活几乎不能完全自理。那种情景，真是让闻者伤心。有人也许会说，怎么不去养老院呢？

我有一个朋友的父母很“时尚”。他们觉得自己年龄大了以后不应该给孩子添麻烦，于是就对自己的孩子说自己以后就去住养老院。这老两口就实地去考察了一下家附近的养老院，结果回到家以后就开始不说话了。孩子看在眼里，也弄不明白是怎么一回事，于是小两口也去养老院看了看。这一看回来，小两口也几天不说话。四个人，都不讲话。后来，孩子们忍不住了，告诉老两口，以后别再提去养老院的事，不然断绝关系。为什么会这样？

我们现在的养老院还不是很健全，老人去了以后，就住在那十几平方米的小屋里，不能带太多自己的东西。陌生的环境，陌生的人，自己的东西又不能都带过去，他们心里不舒服。这也就是为什么那两对失独老人宁愿自己生活不便利也要在家的原因。毕竟他们在那里生活了几十年，有感情了，人老了，谁愿意割舍这种感情呢。

其实，没有儿女在身边的不仅仅是这些失独老人。现在很多家庭都是独生子女。孩子长大以后，父母不能把他捆绑在身边，他得有自己的事业，有自己的发展。孩子出去工作，老人就没有人照顾了。在这种情况下，一是在家的老人不舒服，另外，在外的孩子也不放心。那么是不是可以有种什么方式，来打破这种僵局，让那些孩子不在身边的老人可以享受到孩子在身边相似的待遇，让出门在外打拼的孩子们也能放心家中的老人。谁来帮助他们呢？我想，“待用家政”也许可以。

狭义的家政就是指我们付费，然后请家政公司派人到家里打扫卫生，收拾环境。其实，家政应该有着更深的外延。“家政、家政”，只要是家里的事都应该包含在内。照料老人，我觉得这不仅是家政应该包含的内容，还应该是最重要的内容。老人，才是家里的天。老人的事你照顾好了，这家政才算是真正意义上做到位了。

我想我们的街道办事处一定要经常拜访这些儿女不在身边的老人，了解他们的生活状况，及时解决他们的生活难题。随着独生子女年代的到来，这项工作也越来越繁重。有了“待用家政”，我们的办事处就可以将这些老人的情况告诉我们的家政公司。家政公司就可以根据不同家庭的具体情况进行跟进。这样一则缓解了我们办事处的工作压力，二则可以让这种照顾更直接，更具体。这样一来，虽然儿女不在自己的身边，但是老人们还是得到了很好的照顾，而那些在外打拼的孩子也没有了后顾之忧，可以安心地工作。“老吾老以及人之老”，在我们自己享受家政服务的同时，也请多支付一些费用，留给那些需要照顾的老人去“待用”。没有老人，哪里有我们呢？想到这一点，谁还会吝惜那一点点钱呢？我们自己也都有年老的一天，我们今天支付的，实际上也是对自己的一种“待用”。

“待用”是一颗概念的种子，我想，在不久的将来它可以开出的花远远不只是“待用快餐”“待用学费”“待用家政”这几朵，也许很快就会有“待用衣物”“待用图书”“待用书包”“待用雨伞、雨衣”“待用电影票”等等。我想只要是我们生活中可以碰触到的地方，都可以成为“待用”复制的土壤。让更多的人通过“待用”去传递爱心，让更多的人从“待用”中获得关怀。

我想，充满爱心的我们一定都在期盼，让“待用”成为我们中国人的一种习惯，让“待用”带给我们一个更加美好的明天！

行　动

SUSPENDED COMMONWEAL

公益2.0时代，你、我、他……我们一起改变世界

从“待用”落地至今，每一天我都会接收到来自不同城市的待用故事。我的心毫无抵抗力地随着这些爱澎湃着，我的笔也总是会第一时间将这些感动记录着……

厦门第一家爱心餐厅授牌仪式

河南“阿利茄汁面”组织学习“待用”理念会后员工合影留念

一滴泪，诠释一份诚信

2013 年 4 月 23 日，看起来没什么特别，那只是 365 天中的一天，一个普通的星期二。在故事的发源地，一家“待用快餐”的响应商家依旧按照每天的节奏忙碌着，点餐、下单，一切都是那么的熟悉。但是，那一餐的出现，却让当天所有人都记住了那张“餐单”。

中午 11 点多的时候，一位步履蹒跚的老人走进了店里。服务员照例问他要吃点什么，老人家支支吾吾了半天，最后好不容易问了一句：“我想领一份免费的午餐，可以吗？”“当然可以，大爷，您先坐，饭菜马上就好。”服务员说完正要离开，大爷却将手伸进了自己的口袋，一边掏一边说：“你看看我的低保证。”店主赶紧走过去，按住大爷已经伸进口袋的手：“大爷，您吃饭就好了，我们不需要看您的证件。”店主示意服务员赶紧给大爷拿一份“待用快餐”，然后自己招呼大爷坐下等餐。

“你还是看看吧。”大爷坐下以后还是坚持要给店主看证件。

“你看，这是我的低保证，还有我的残疾人证。”

“大爷，我们真的不需要查验您的证件，我们相信您，您快收好了吧。”

“我就是要证明我没有骗你啊。”

……

服务员很快将“待用快餐”端了上来。大爷看着这个餐盒，好几分钟，却不动筷子。“大爷，怎么了，您是吃不惯这样的饭菜？”店主问道。“不，不，不，不是的，不是的。”大爷给了店主一连串的否认。“那您怎么不吃啊？”这下子轮到店主疑惑了。“我吃，我吃……”大爷的声音有点颤抖。

店主随后起身离开了大爷的座位，他是怕自己坐在大爷身边，会让老人家心里感觉到不自在。店主让服务员给老大爷倒了杯热水，并嘱咐说领位不要往老人家那里领，就离开了用餐区域。

过了二十几分钟，店主被服务员叫了出来，又一次和老大爷坐在了同一张餐桌旁。老大爷的饭并没有吃完。“我的胃不好，吃不下这么多的饭菜，我想问一下，可不可以打包带走？”大爷问。“当然可以，您现在就要打包吗？”店主问道。“不急，不急，我想和你说几句话，不打扰你做生意吧？”大爷问。“怎么会打扰呢，一点都不打扰，有什么话您就说吧。”店主笑着对大爷讲。

“虽然就住在这附近，但对我来说来这里的距离也不近。我腿脚不方便，是个残疾人。我们家就我、老伴，还有个儿子。”大爷说到这里突然停顿了。

“我儿子也是个残疾人。”过了许久，大爷才继续说下去。听得出来，在说到自己儿子的时候，老人家的声音哽咽了。“我是从电视上看到，说你们这儿可以给需要帮助的人提供免费的饭菜，我活了大半辈子了，听到的一直都是‘天下没有免费的午餐’，没想到老了老了，电视竟然告诉我有了免费的午餐。我就是想来验证验证，这到底是不是真的。老伴儿是不同意我来的，你也看见了，我的腿脚不利索，年纪又大了，老婆子担心。她本来说陪我一起来，但是想到如果你们真给免费的午餐，她也来了，就要多给一份。我就是来验证一下，不想你们多负担一个人的饭。”大爷朴实地阐明了自己的来意。

“虽然我们老两口年岁大了，儿子又是那么个情况。但是政府给我们办了低保，我们自己也力所能及地挣点钱，生活总算过得去。我以后也不会再来了，咱自己的困难还是得自己努力解决。这是 20 元钱，我也认购 2 份你这个免费午餐，给需要帮助的人吧。”大爷说话间，就将 20 元钱放在了店主的手里。

“好了，我也出来很长时间了，得回去了。能不能和姑娘说说（他指店里的服务员），给我打包带走啊？”大爷问。“当然可以，我马上给您打包。”店主没有叫服务员给大爷打包，我想是因为他觉得他必须亲自做这个事情。后来，店主和我讲，他之所以听到大爷说打包之后立刻离开，还因为他的眼泪就在眼眶里面转悠，他怕自己控制不住。

“你们真是好心人啊，没想到你们真的不要钱，真的不要钱。还允许我打包带走。”大爷手里拎着打包的饭菜，流下了眼泪。“你们还不看我的证件，你们信任我，我当初却不信任你们，还到这来给你们添乱。”店主告诉我，老人家当时就像个孩子一样在这群他刚认识的人面前哭了起来。

“大爷，您这怎么是添乱呢？您看，您还认购了两份‘待用快餐’呢。您放心，我们一定将您的爱心传递给需要帮助的人。我们也邀请您下次带着大娘一起来。您别有什么顾虑，就只管来，我请客。”店主安慰这位白发苍苍的老人。“好，好，我再来，我再来。”大爷和店里的人挥手再见，就又蹒跚着走了出去。

店主和我讲，大爷从店里离开以后，他的心迟迟不能平静。攥着大爷硬塞给他的那20元钱，他竟然觉得这钱有千斤重。大爷的眼泪没有掉到地上，而是滴滴都掉在了他的心里。20元钱，也许对于那个困难的三口之家来说是一天的饭菜钱。但是，老人却坚持将这些钱留给了其他有需要的人。老人留下的不是钱，而是来自于弱势群体，又即将被传递给弱势群体的爱心。

店主说他从来没想到经营一家餐饮店会给自己带来这样的自豪感。当他看到大爷心满意足地离开店面时，竟然感觉到自己的形象一下子高大了很多。是啊，没有接受过太多温暖的心总是比其他人更容易感动。是怎样的一种力量让一位饱经沧桑，年近七旬的老人流下了自己的眼泪？仅仅是因为那盒材料十足的“待用快餐”？对于一个生活贫穷又有一个残疾儿子需要照料的父亲来讲，这一餐应该是他很久都没有吃到过的丰盛大餐，但是这绝不是让他流泪的原因。一个年近七旬的老人，经历了多少风风雨雨，怎么可能会因为一顿久违的好饭就轻易地流下眼泪呢？那又会是什么触碰了他的心灵呢？我想，是“待用快餐”传递的那份爱与信任。

店主说这份感动已经深深地被他和他的店员们收藏在了心底，他们也将在“待用快餐”的陪伴下继续走下去。

一碗面，找回一个信念

我有个朋友，私下里大家都玩笑地称呼他为“庄主”。您可千万别误会，他可不是那占山为王的山大王，也不是哪门子的绿林好汉，之所以有“庄主”的美称，是因为他经营了一家面庄。

庄主本身就是一个非常有爱心的人士，平日里要是看到面庄周围有流浪的孩子，他都会叫进去，给煮上一碗热腾腾的面。知道我在倡议“待用快餐”以后，他迅速响应。用他的话说，在这几个月中，每每看到这种爱心通过他的面庄传递出去，他和庄上弟兄们的心里就有说不出的高兴。

前一段时间，他兴高采烈地和我说了一件事。一个老大爷来到面庄，点着名地要找面庄的老板。他见过才知道，老大爷是知道他们面庄在招聘服务员，刚好自己的小女儿还待业在家，这就找来了。“我知道你们这儿给没钱吃饭的人免费提供饭吃，老板有这爱心，闺女在这儿我放心。”原来大爷是替自己的女儿去自荐的。庄主向来不是居功之人，他赶紧给大爷解释这“待用快餐”可不仅仅是面庄的爱心，这是社会大众的爱心，面庄只不过是提供一个媒介罢了。大爷说提供媒介也说明有爱心，明天就让闺女来面试。临说完，他还装得无可奈何的样子，给我来了一句：“哎，别的山庄愁着招兵买马，本庄主‘待用快餐’一出，就有人慕名而来。”我说你看到了吧，这就是爱心的吸引力。

现在面庄周围的人都知道庄主的店里为那些需要帮助的人提供免费的饭菜，这也让我想起了面庄送出的第一碗“待用面”。

那是 2013 年 4 月下旬，我和几个朋友相约去庄主那儿吃面。刚好“副庄主”，也就是庄主的爱人要外出办些事情，说是要晚饭后才回店里，不能招呼我们这些老朋友了。谁知道“副庄主”出去了不到一个小时，又回来了。一进店里，她就叫服务员通知后厨赶紧给弄一碗肉丝面。服务员小张还没走到后厨，她又赶紧追过去，告诉小张要打包。然后，她就又出了店门。

“您进去吃吧。”

“我身上脏。”

“没关系，您就进去吧。”

“不进去，真的不进去，谢谢，谢谢。”

我们几个人循声望去，就看见庄主的爱人和坐在门口的一个衣衫褴褛的人在说话。

“这是怎么一回事？”庄主嘴里念叨着，也走了出去。因为我们就靠着门坐着，所以不仅看得清楚，听得也很清楚。

“我这不是出去办事嘛，就看见这位大哥在路上乞讨。我就告诉他，让他来咱家面庄，有免费的午餐。大哥让我别没事拿他开心了，我看解释也没啥用，干脆就把他带回来了。”我们听见庄主的爱人这样对庄主说。那位大哥看到庄主出去，我想是猜到他是这儿管事的了，起身就要走。庄主爱人赶紧拉住他：“面还没吃呢，您这是要去哪儿啊？”“我不吃了，谢谢你，你看你们领头的都出来了，会批评你。”大哥说。

“大哥，您这话说的。是，我是这小店的老板，但是我怎么能批评她呢。您还不知道吧，我们这儿有‘待用快餐’。”说着庄主又给那位大哥解释了一下什么叫“待用快餐”，听庄主说完了，那位大哥才又一次坐了下来。

“您到店里面去吃吧。”庄主对他讲。“不了，不了，我身上脏，进去影响别人吃饭。你们是好人，我虽然没啥文化，也知道要对好人好的理儿。不能给你们添麻烦啊。”大哥说到这儿的时候，还用袖子去擦了擦眼睛。庄主爱人赶紧进来，拿了几张面巾纸，递给了那位大哥。

“大哥，既然您不进去吃，那我也不强求，免得您进去了吃得再不自在。刚才听我媳妇说要给您打包带走。这面啊，就得刚做出来趁热吃才好吃，您不进去吃，我依您，现在您也得依我一件事，别拿走，您就坐这儿慢慢吃，不然您拿走了，时间久了，这面不好吃了，您回头和别人说我们面庄的面不地道，那可是害了我了。”为了让那位大哥能吃到最好的面，庄主特意有些调侃地说了这番话。

“面来了。”小张这人还没出来，那声吆喝先传了出来，“老板娘，一碗肉丝面，打包带走。”小张将面递到庄主爱人的手里。“包不打了，你把面端出来，给这位大哥。”庄主爱人对小张讲。小张赶紧按照她的话去做了，那位大哥接过那碗热气腾腾的肉丝面，我清楚地看见，他的手在抖。

那碗面很快就吃完了，庄主说再给煮上一碗，那位大哥却说啥也不让了。大哥说他吃饱了，从胃里到心里都饱饱的。

“我不是故意去乞讨的，我真的不是。”那位大哥不停地讲。我明白他的意思，他是想告诉庄主两口子他不是乞讨骗钱的，他是真的遇到难处了。

“大哥，我们信您。我们就是想告诉您，遇到难处不怕，咱慢慢解决。没钱吃饭也不怕，就来我们这儿，吃咱这个‘待用快餐’。”庄主赶紧和他说。

“嗯嗯，你们都是好人啊，都是好人。”大哥又想去用他的袖子，举到一半想起来手里有面巾纸，赶紧用面巾纸擦了擦眼睛，边擦还边说着:“眼睛里进了沙子，进了沙子。”

“我以后也许不会再来了。这碗面是我吃过的最好的面。看到有这么多人默默地关心着、帮助着我们这样的人，我的心里真是特别感谢。我不能成为别人的累赘。没啥困难是过不去的，我必须得自己养活我自己。不然的话我就对不起这碗面。”大哥说完就拄着拐杖走了，留下庄主两口子，在面庄门口站立了很久。我想那是因为他们没有想到，普普通通一碗面竟然有这么大的力量。

后来庄主和我讲，他爱人那天本该要办的事，因为中途返了回来，最后没赶上时间，事也没办成。晚上回家的时候，庄主故意逗她：“媳妇，你这事没办成，后悔了吧。非要领流浪汉到店里吃‘待用快餐’，人家吃饱了，事也跑了吧。”“你怎么能这么说呢？”没想到的是，他一向温柔的爱人竟然提高了这说话的分贝。庄主琢磨着肯定是事没办成心里不舒服，谁知道他爱人接着讲：“我跟你说，我可是一点都没有后悔。相反，我觉得我这么做很对，是非常正确的。懒得和你说，还有啊，以后‘待用快餐’的事不用你管，你思想就有问题。”庄主这个玩笑算是彻底把她惹火了。“我这不是逗你呢吗，你这么做哪里是非常正确啊，那是相当正确啊。‘待用快餐’我怎么能不管，你是想篡权当庄主还是怎么着啊。”庄主赶紧表明自己是在开玩笑，这才让他爱人对他恢复了笑脸。

庄主说，他爱人后来的一番话倒是及时提醒了他。他爱人对他讲：“咱一定得把‘待用快餐’的事做下去。咱还得加强宣传，让更多的人知道咱的店里有‘待用快餐’。你看今天的大哥，要不是我领他过来，他都不知道有这样一回事。要是这些需要帮助的人都不知道，那咱参加‘待用快餐’不就失去意义了吗？”庄主说每当他想起那位大哥吃完面以后的神情，还有那被重新唤醒的自信，他都会对自己说：“本庄主最英明的决定就是成了‘待用快餐’的响应商家。”他还表示，自己爱人的话非常有道理，他一定要加大宣传，决不能辜负了这一微公益的初衷。

后来，庄主的网络签名改成了：“加入‘待用快餐’，定当竭尽全力，只为帮助更多需要帮助的人。”

这个生日，带孩子认识“待用”

“祝你生日快乐，祝你生日快乐……”我想当你听完下面的故事，也一定会想起这个熟悉的旋律，你也一定会和我一样，想把这个旋律送给那个可爱的小女孩。

6 月 1 日，是一个深受小朋友们喜爱的日子，这更是让刘爸爸一家喜悦的日子。因为 2007 年的 6 月 1 日，伴随着一声清脆的哭声，刘佳佳小朋友来到了这个世界上。从此，六一对于这一家人来讲就不仅仅是儿童节，还是宝贝女儿的生日。

2013 年的六一儿童节，一家“待用快餐”响应商家接收到了一个年仅六岁的小女孩的认购。因为这是这家店至今接待的年龄最小的认购者，所以店主对她的印象特别深刻。在和小家伙的爸爸聊天的过程中，店主得知小家伙名叫刘佳佳，那天刚好是她的生日。但是这个生日，她却没有收到大大的生日蛋糕，也没有一觉醒来就看到爸爸妈妈放在她床头的生日礼物，更让她疑惑的是，今年也没有了往年的生日大餐。“爸爸妈妈是不是忘记今天是我生日了？”这是店主后来在和佳佳爸爸聊天中得知的。小家伙面对着这样一个反常的生日，心中充满了疑惑，早上洗脸的时候，在洗手间自言自语地问自己，恰巧被经过的妈妈听到了。

店主讲，六一那天中午的时候，店里面来了一对夫妇，带着一个五六岁的小女孩。他们点的餐也非常简单，要了两碗面。买单的时候，那对夫妇却没有起身，是那个小女孩拿着钱：“叔叔，买单。”说着就递给店主 100 元钱。“好，一共是 32 元，你给叔叔 100 元，叔叔找给你 68 元，你要拿好啊。”店主将剩下的零钱找给小家伙。她拿到钱，转身回到了父母的身边。不一会儿她又回来了。

“叔叔，这是 20 元钱，给没钱吃饭的小朋友还有老奶奶买饭。”她那双大眼睛充满了焦急，这却把店主弄糊涂了。这时候，小女孩的爸爸走了过去：“佳佳，爸爸刚才告诉你那个叫什么来着，你想想再告诉叔叔。”小家伙用手挠了挠脑袋，眨了眨眼睛，突然很兴奋地说：“叔叔，我要买两份‘待用快餐’。”这下店主倒是明白了，但是他却愣住了。“叔叔，叔叔，我要买‘待用快餐’。”店主说小家伙看见自己不理她，着急地喊着，一边喊他还一边跷着脚将 20 元钱递给他。店主赶紧接过钱：“小宝贝，你叫什么名字啊？”店主问她。“我叫刘佳佳，但是家里人都叫我佳佳。”真是个聪明的小家伙。“佳佳，你告诉叔叔，你为什么要买‘待用快餐’啊？”店主一边将认购卡递给她一边问道。“爸爸妈妈说有的小朋友还有老奶奶很穷，他们没钱吃饭，所以我买给他们吃啊。”她很认真地回答。“你又不认识他们，你为什么要买给他们吃呢？”这个店主叔叔好像也挺讨厌的，问起来还没完没了了。店主原本以为小家伙会用几秒钟思考一下这个问题，谁知道她脱口而出：“因为我爱他们呀，妈妈说他们也爱我。”说到别人也爱她的时候，她还很开心地动了一下脖子。

“‘待用面条……’爸爸，这是什么字啊？”原来她在看店主刚刚递给她的认购券。“‘待用快餐捐助者信息券’”她的爸爸告诉她。“这是用来做什么的啊？”佳佳一脸的迷惑。“这个就是让那些给没钱吃饭的小朋友和老奶奶买饭的人呢写下自己的名字，这样叔叔就知道是谁给他们买饭了啊。”这真是个有耐心的好爸爸。“那我也要写，我也要写。”小家伙着急地说，好像她再不写，那个爱问问题的店主叔叔就要从她手里将券夺走一样。

后来，还是佳佳的爸爸帮女儿填写了这张认购券，原来佳佳才刚刚学写字。店主在与刘爸爸聊天中得知，原来那天是佳佳的生日。以往的生日，刘爸爸总是和爱人早早就买好了礼物，订好了蛋糕，然后带着自己的宝贝女儿去吃一顿大餐。“今年我们知道了‘待用快餐’的事情，于是我们夫妻两个商量着，与其给女儿礼物，带她吃大餐，不如给她现场上一堂道德教育课。”佳佳的爸爸讲。但是毕竟是宝贝的生日嘛，长寿面还是要吃的，于是就点了两碗面。

“这个没礼物，没蛋糕，只有一碗面的生日，佳佳没闹别扭吗？”店主担心地问刘爸爸。“早上起来没看见礼物，有点不高兴。后来她妈妈又告诉她蛋糕和大餐也没有了，她还撅起了小嘴。然后，她妈妈就和她讲，说有很多小朋友还有老奶奶，家里面很困难。他们不像佳佳，有自己的卧室，更不像佳佳，有那么多漂亮的裙子，他们甚至连吃饭的钱都没有了。”佳佳爸爸和店主讲道。“佳佳，你看你每年都过生日，爸爸妈妈花很多钱给你买礼物、买蛋糕、吃大餐，但是那些小朋友和老奶奶呢，他们却都没钱吃饭。我爱人就这样和女儿讲。小家伙马上问我爱人‘那他们会不会饿死啊？’我爱人就告诉她，如果一直都没有钱吃饭的话，就会啊。小家伙就变得很着急，非要我们带她去找那些没钱吃饭的小朋友还有老奶奶，嚷着让我们两口子请他们吃饭。”佳佳爸爸继续说。后来，这两口子又循序渐进地给小不点讲述了“待用快餐”，小不点听懂了以后，非要拿爸爸的钱包。佳佳爸爸也不知道自己的宝贝女儿要干嘛，就给了她。小家伙可好，一伸手将里面所有的钱都掏了出来，拉着妈妈就往外走，边走还边说：“走吧，快走吧，去买‘待用快餐’，不然等下小朋友和老奶奶就饿死了。”

童真就是这样的可爱，这样的简单。那一张白纸最后拥有什么样的画面就取决于家长那支最重要的画笔。店主说，这一家三口走的时候，看得出来他们都非常开心。佳佳觉得是自己救了那些小朋友和老奶奶，她很高兴。这对夫妇看到女儿充满了爱心，自然是十分欣慰。这个生日，他们给了女儿一件特殊的生日礼物，但是我觉得，这是一份最好的礼物。

“待用饮用水”，清凉这个盛夏

在短短的时间内，围绕着“待用快餐”，所有的响应城市都在上演着一幕幕感人的故事。人们用自己的爱，在“待用”这架琴上弹奏了一曲又一曲感人的乐章。这些乐章的曲谱有“待用快餐”，当然，也有“待用”家族的其他成员，例如现在沁入我们心脾的这瓶“待用饮用水”。

2013 年 4 月下旬，我在洛阳遇到了一位做饮用水的企业家，这也是个慈善家。他每年都要捐出几十万来做公益。看到他企业生产的产品，我想到了城市街道上那熟悉的橙黄色。正是因为这些环卫工人的辛勤劳动，我们才拥有这么干净的街道。可是，这些环卫工人在口渴的时候，却没有一杯免费饮用水可以喝，于是我建议这位企业家为当地的环卫工人提供“待用饮用水”，将以往那种一次性的公益变为 365 天的微公益。第二天，洛阳的环卫工人就喝到了这家公司提供的免费水，洛阳也成了“待用饮用水”的诞生地。

自从洛阳有了“待用饮用水”之后，其他城市也纷纷开始在当地号召“待用饮用水”的落地。2013 年 5 月中旬，南京“龙虎网”率先在南京发出号召，号召一出，原本已经是“待用快餐”响应商家的各个店面纷纷做出响应，成为南京第一批“待用饮用水”响应商家。

“最近天气热，很容易口渴，平时只能靠自己随身携带或者去银行要一些免费的水解渴。有时水喝完了也只能忍着。”这是龙虎网用镜头记录下的环卫工人老丁说的话。环卫工人的工作很辛苦，在别人还没有起床的时候，他们要先出现在街道上打扫卫生，让人们一天的出行有一个整洁的开始。在别人已经回到家准备休息的时候，他们依旧要打扫，收拾人们忙碌一天后丢弃的垃圾。正如老丁自己所说的那样，每天睡不了几个小时，中午吃完饭，也只是在马路边休息一会儿。2013 年老丁已经 59 岁了，但为了给子女减轻负担，他坚持要出来工作。“这大热的天能喝到这样一瓶水，心里真是高兴。”老丁喝完了水，兴奋地说道。我想，真正让老丁感到高兴的不是那瓶水，而是市民对他们环卫工人的关心和帮助。

“这对我们来说太实在了。我们扫地的时候，经常会到街边的店里要一点水喝。他们一般都会从水瓶里倒水给我们喝，比较烫，都要先晾凉再喝。而且总是问人家要水，人家也要嫌弃我们。现在，我们拿到水就可以直接喝了。”这是爱心企业“国电南瑞”将 80 箱水送到“鸿福面馆”待用的时候，一位姓周的环卫工人接过“待用水”后所说的话。

“这样的温度，我也想躲在空调房里面吹空调，但是工作职责所在，我必须得在太阳底下做清扫工作。每每看到马路上车子驶过，我就在想，车里面的人一定很凉快，这时候我就更想喝上一口水解解渴。可有时候一晃手里的水杯才发现水早就喝干了。现在真好，有了这个‘待用水’，再大的太阳我也不怕了。这真是幸福。”老姜说完开心地拿了一瓶水，很欣慰地离开了。

“待用水”不仅给我们的环卫工人带来了清凉，还把我们正在放暑假的大学生们带到了马路上。中国药科大学“橙净微公益团队”的负责人是一名大二的学生，名叫徐鲁。据徐鲁讲，她当初之所以将这支微公益团队取名为“橙净”，就是因为她将这个团队的关爱主题定位为关爱环卫工人。之所以确定这样的主题，徐鲁说是为了让自己心安。

徐鲁的三姨就是一名环卫工人，所以徐鲁对环卫工人的生活有着比别人更深入的了解。徐鲁讲：“三姨每天都出去得很早，有时候早上四五点钟就要出去扫地。在三姨心里，我想早就没了吃早饭的概念。我的表妹 2013 年才刚刚上幼儿园，看着别的小朋友都是妈妈接送上下学，妈妈给扎辫子梳头发，表妹就会不开心。由于工作时间的关系，这些在别人眼里再平常不过的小事，表妹却享受不到。我妈妈心疼孩子，当然也心疼自己的妹妹，所以经常将表妹接到我们家，妈妈代为照顾。有一次，三姨来我们家接孩子，一进门看见桌上有瓶矿泉水，还没说句话就咕咚咕咚把那瓶水喝干净了。‘今天天气热，带的水早就喝完了，可把我渴坏了’。三姨喝完了水才开始和我们说话。看到三姨每天那样忙碌，却连口水都喝不上，我这个做外甥女的，心里特别难受。于是，组建一支关爱环卫工人的微公益团队的想法就在我的脑海里形成了。”

徐鲁说，之所以为这支队伍取名为“橙净”，是因为橙色是环卫工人的标志性颜色。再有，“橙”与“城”同音，正是因为有了环卫工人，这些城市美容师，我们才拥有了干净整洁的生活环境。更重要的是，橙净还有一个更深层的含义，就是“澄净”，徐鲁希望所有人都能拥有一颗澄净的心。

“团队组建以后，我们一直都在思考，怎样才能让‘橙净’发挥更大的作用。但是一直也没有找到特别好的切入点。正当队员们为此事苦恼的时候，我们在网上看到了‘待用水’的行动。我记得我和队员们达成共识以后，兴奋地跑到了三姨家，一进门就大声说：‘三姨，你以后工作的时候不用再担心没有水喝了。’我猜我当时一定是兴奋过了头，气喘吁吁的，没说清楚，因为表妹给我倒了杯水，‘姐，你是说你要喝水吗？’她眨着眼睛问我，我一下就被她当时的小表情逗乐了。”徐鲁讲道。

恰逢暑期，尽管2013年夏天的温度要高于往年，但是徐鲁和她的“橙净”团队却没有选择在室内避暑。徐鲁亲切地称呼队员们为“橙子”。徐鲁说：“尽管外面很热，但是丝毫不能阻挡我和其他橙子们宣传‘待用水’的脚步。我们每天都早早就碰了面，商讨一天的宣传路线。然后大家分组行动。晚上的时候再碰一次面，将一天的宣传结果进行总结和分享。每一天我们都有收获，因为大多数商家都非常支持这项公益行动。我们橙子中的美女们，在这样的太阳下一个个皮肤都开始向着‘健康肤色’转变，但是我们都不介意。大家说，只要能为这项活动尽点力，就算暑假过后，集体被遣送到非洲，我们也高兴。‘不知道非洲有没有环卫工人，他们那儿温度更高，看来咱过去以后也得给他们介绍介绍待用水。’这就是我们美女橙子说的话。”

“自己就是个学生，能为社会做的事情太少。我和身边的很多同学在这两年的大学生活中，都好像没感觉到自己存在过。但是这次参与‘待用水’的推广工作，自己真真切切地有了一种存在感。”徐鲁说。

就在洛阳和南京享受着“待用饮用水”带来的清凉的同时，在西安长安区长安广场东南角的天桥下，出现了一个绿色的铁箱子。箱子上面写着“如果你真的需要，请免费取用，每人每次限一瓶，保洁员环卫工优先。”我得知此消息后，特地到现场感受了一下。刚好看到一个调皮的小男孩，手里拿着两瓶冰镇的矿泉水，蹦蹦跳跳地走到绿箱子那里，将手中的一瓶水扔了进去。我猜测他可能是扔进去一瓶以后感觉到那瓶空降的水破坏了箱内瓶装水整齐的“队形”，因为我看到小家伙将半个身子都探进了箱子里，倒腾了一会儿才出来，然后又将身子探进去，将第二瓶水放了进去。小脑袋再次从箱子里出来的时候，很有仪式感地点了点头。这让我忍不住走了过去：“小朋友，你为什么要往这个箱子里面放水呢？”我问他。“妈妈让我放进去的，说留给有需要的人喝。”小男孩说完就又蹦蹦跳跳地离开了。

这个箱子是“长安公益联盟”摆放在那里的。这个公益组织从创建之初的两三个人，发展到现在已经有50多人。在同胞遭受到重大自然灾害的时候，这支队伍在负责人何金鹏的带领下，每次都是积极响应，率先捐钱捐物。这一次，当何金鹏得知洛阳、南京等地开展了“待用水”的行动时，他坐不住了。“‘待用水’是‘待用快餐’的同胞弟兄，它的哥哥‘待用快餐’是在西安出世的，现在这弟弟都出世了，咱西安还没动静，这怎么行。啥都能落后，做公益不能落后。”老何就是这样一个热衷于公益的人，这个公益人还有着非常强的执行力。在他的号召下，“长安公益联盟”迅速行动，于是就有了那个绿色的小箱子。“经过几天的宣传，现在周边地区的环卫工人都知道没水喝就找绿箱子。”何金鹏自豪地说。

看着各个城市的响应，听着老何所说的话，我突然感觉到，爱是会让人有争先恐后的危机感的。就像老何看到其他城市已经率先推出了“待用饮用水”，他就感觉到他所在的城市还没有反应，是一种很落后的表现。在老何看来，那个绿箱子已经不仅仅是一个箱子，里面盛载的也不仅仅是普通的矿泉水，而是一个城市爱的象征。看着一个又一个环卫工人，高兴地从那个箱子取水饮用，似乎这已经不仅仅是一个工人和一瓶水的关系，而是一个城市和爱的故事。这瓶水就算在阳光下有了温度，但是取用者喝下去依旧是清凉的，因为喝到嘴里的是一个象征，进入胃中的是一份关爱。这瓶水，人们喝得骄傲，喝得自豪。因为这瓶水不仅告诉饮用者，也告诉了其他人，这个城市，是一个充满关怀的城市。爱的浓度，在这个城市的空气中，又一次加重了。

“待用理发”，让爱从“头”开始

写到这里的时候，我知道我很快就会流下眼泪。我仿佛又一次看见了那个戴着口罩的小女孩。她的眼睛是那样的纯净，那黑黑的眼球，是如此渴望这个世间可以让她多做些停留。她还那样小，她还没有去迎接这个世界上许多美好的事物。

“病好了，我想去学古筝与画画，我要当一名美术老师。”她用稚嫩的字迹写下了自己坚定的理想。她用自己的画笔，勾勒了一个个可爱的形象。“拯救世界的美少女”“可爱的喜羊羊”，就这样活灵活现地被这个可爱的女孩带到了画纸上。也许美少女只顾着拯救世界，忘记了病房里面正在承受痛苦的小女孩；也许喜羊羊一心思考着怎样去打败灰太狼，它同样忘记了那个坚强的小女孩。小女孩最终还是走了，带着她的心愿，带着她的画笔，去了不会生病的天堂。她就是我们的小碧心。

2013 年 7 月 16 日，在广州天河区棠德南路 360 号 13 铺，新开张了一家发廊。新店一开张，就涌进了近百名嘉宾，将店内挤得水泄不通。说来也奇怪，这些顾客完全没有表现出等待中的焦急，他们就那样静静地待在那里，看着这个发廊的老板纯熟地使用着剪刀。发廊的主人名叫刘任能，他就是坚持用自己的一技之长帮人剪发，用有尊严的劳动为女儿筹集医药费的那位爸爸，他的女儿就是坚强的小碧心。

为了纪念自己的女儿，刘任能将发廊起名为“碧心爱心发廊”。在发廊开张的当日，刘任能就推出了“待用理发”的公益活动。顾客只要多付 20 元钱，就可以留下一个待用的名额给困难群体免费享用，这是发型机构中首次推行“待用”的理念。

“碧心是2012年8月份去世的。她走的时候很平静，我知道她是带着大家的爱走的。”刘任能说。

2010年10月，年仅11岁的小女孩刘碧心被检查出患有“急性单核细胞性白血病”。对这个家庭来讲，这无疑是晴天霹雳。幸运的是，医院找到了适合移植给小碧心的骨髓。不幸的是，小碧心的妈妈患有癫痫病，家里为了医治她的病，已经没有什么积蓄了。小碧心的生命岌岌可危，那10万余元的手术费让这个家庭陷入绝境。

在没有接受骨髓移植手术之前，女儿随时都可能离开他，但是刘任能却每天都在外面跑。有人质问他，为什么不好好陪伴在女儿的身边。还有很多人建议他，筹钱的事不要亲自去做了，交给爱心人士去办吧。对此，刘任能是这样回答的：“不行，世上需要帮助的人还有很多，凭什么别人要白白捐钱给我？我有一门手艺，我可以通过自己的劳动换取这些钱。我宁愿他们给我‘筹人’，就是帮我介绍客人，我凭自己的劳动，帮他们剪发，这样的钱我就收得有尊严。”刘任能的事情经过广州多家媒体报道以后，一场“全城救助小碧心”的行动展开了。

遗憾的是，小碧心没有等到骨髓移植那一天，2012年8月29日晚上，因为肺部真菌合并细菌感染，小碧心离开了这个世界。

“女儿还在的时候，总是和我说：‘爸爸，我现在不发烧，你可以去帮别人剪头发，别人帮助了我们，我们也要帮助别人。’其实她自己心里很清楚自己的情况，虽然她很少表现出痛苦的样子。但是，只要是身体状况有些好转，她就会催着我出去帮别人剪头发。”刘任能回忆起自己女儿的时候，声音有些哽咽，“所以，我要把慈善的事情一直做下去，我想这也是碧心的心愿。这是对碧心最好的纪念。”刘爸爸坚定地说。

碧心爱心发廊的墙上挂着一幅字：积善之家，必有余庆。这是广东公益恤孤助学促进会会长王颂汤在发廊开业当天，到场祝贺时送给刘任能的。

我想，刘任能之所以将字挂在店里最显眼的地方，就是为了让所有进店的客人都能看到这句话，希望更多的人支持“待用理发”，和他一起帮助那些需要帮助的人。

一个失去女儿的爸爸，将自己对女儿的爱转化成了对所有人的爱。一个拥有剪发手艺的发型师，选择了“待用”这个平台去传递心中的爱。他曾经是一个需要社会救助的人，但是他拒绝了伸手接善款。他坚持要有偿地得到这些善款，因为他要女儿有尊严地使用这些救命的钱。他亲身感受过需要帮助的滋味。那种如果没有尊严，宁愿选择不被帮助的感觉，他也切实体会过。我想，这正是他选择“待用”作为他慈善事业平台的原因。因为“最大限度地给予弱势群体有尊严的帮助”正是“待用”这种公益形式最大的特点。

“待用理发”就在这位爱心爸爸的剪刀下走进了人们的生活。疾病让这个家庭已经一贫如洗，开发廊的借款又让刘任能新添了外债。但是，生活的苦难并不能磨灭他帮助别人的信念。他需要的只是一个平台，一个可以让他将这个信念付诸行动的平台。我想，当这个发型师遇见“待用”的时候，他一定笑了。虽然，他没有钱，但是他还有手里的剪刀。别的忙帮不上，给那些没钱理发的人剪个头发，他还是可以做到的，并且还会做得特别好。“待用”不仅可以完成他做慈善的心愿，而且还可以号召更多的人加入到他的慈善行动中来。用刘任能自己的话说，有了这个爱心平台，做慈善就是买单时多付一份钱那么简单。只是多付一份钱，其实改变不只是一点点。

“待用”就是那样简单，又那样温和，它不会拒绝任何爱心人士对它的呼唤。只要你心中有爱，你就会发现它的色彩，只要你有意走近它，它就会给你一个慈善的平台。“待用”正如它的名字那样，就静静地等在那里，等待更多人将它复制带走，等待更多的人通过它去传递温馨的爱。

当爱发酵，推动的远不止慈善

说到“慈善事业”的起源，我想我们首先应该打开我国的历史长卷。我们可以先去了解一下西周时期掌管荒政的“司徒”；再到两汉时期，看看“常平仓”；接着可以去参观一下魏晋南北朝时期的“义仓”；还可以走进宋朝，看一看福田院、安济坊、慈幼局等机构。然后我们进入到诸子百家，听一听儒家所讲的“仁爱”，道教所说的“积德”，墨家提倡的“兼爱”。这时候，我想我们的疑问就已经有了答案，我们可以骄傲地告诉这个世界，中国是最早倡行与发展慈善事业的国家。正因为我们国人骨子里就流淌着这种满怀慈爱的血液，“待用”才会一出现就得到了大家的认可和呵护。

中国向来都不缺少慈善家，尤其是改革开放以来，我国的经济迅速发展，涌现了一大批优秀的企业家。这些企业家在事业取得巨大成就的同时，没有忘记将这种收获回报社会。所以，我们很多的企业家也是慈善家。在“希望工程”的建设中，在帮助边远山区的行动里，我们处处都能看见这些企业家的身影。尤其是在一次次的自然灾害面前，很多企业家更是第一时间捐钱捐物，为灾区的人民送去温暖。通过这些钱物支援灾区人民重建家园，并且告诉灾区人民，他们与受灾群众同在。这些企业家不仅推进了祖国经济的发展，而且推动了我国慈善事业地腾飞。

企业家的慷慨解囊不仅有效地让需要帮助的人群得到了帮助，同时也让更多的平凡百姓开始坐不住了。“我们不是大老板，更不是亿万富翁。但是我们对慈善也有着信仰和坚守，我们也想尽自己的微薄之力去帮助那些需要帮助的人。”这就成为老百姓面对慈善所发出的呼声。是啊，在这条慈善的路上，确实不应该只是我们企业家孤单的身影。咱们普通百姓也可以在这条路上留下自己的足迹。心中那颗爱的种子无处播撒，这确实是一件让人懊恼的事。我想，正是大家这种渴望走进慈善，渴望关爱他人的心情，才让大家在遇见“待用”的时候，毫不犹豫地将这颗种子撒在了这片“待用”的土地上。

随手公益可治标

“待用”是一种手边的微公益，形式简单，参与方便。“待用”普及性广，人人都可以参与；“待用”时效性强，可以让需要帮助的人及时得到帮助。我们的企业家捐赠大笔善款到慈善机构，这些钱可以兴建很多孤儿院，养老院以及其他救助场所。有了这些场所，这些无人照料的人群就可以结束街头流浪的生活。但是，兴建这些场所不仅仅需要资金，还需要时间。这就产生了一个非常现实的问题，这个孩子今天就没有饭吃，如果没有人去管这顿饭，也许他再也无法睁开自己的眼睛；这个人今晚就要露宿街头，如果没有人给他提供一个过夜的场所，这个人也许在那个夜晚就会被严寒带走。兴建这些场所就是为了从根本上去帮助这些弱势群体。但是在还没有进入治本阶段之前，谁来帮助这些企业家，帮助传统慈善模式去治标呢？因为只有这个标先治好了，那些人才有机会看到治本的曙光。而“待用”这种慈善模式恰好填补了传统慈善治标工作的空白。

人人慈善更治本

在一次“待用”公益的推广会议上，有一位同志给我提了这样一个问题。他说陈老师，我们在这里讲“待用”，还不如和公安机关一起到火车站去抓小偷，那对百姓才是实实在在的帮助。我当时笑着对他讲：“小偷靠抓是抓不完的。为什么说抓不完？因为滋生犯罪的土壤还在。没有人一生下来就是想做个小偷的。这些最后走上偷窃道路的人，他们走错路的初衷往往很简单，有时候就是为了填饱肚子活下去。两个小时，我们在火车站顶多抓上三五个小偷。但是，我们现在坐在这里，宣传‘待用’的理念，号召更多人参与到这项公益行动当中，却是在清除那片滋生小偷的土壤。”这位同志考虑了一会儿说：“是啊，他暂时没钱吃饭，可以吃‘待用快餐’，没有钱喝水，可以用‘待用饮用水’。只要‘待用’的理念处处开花，那他何必冒着失去自由的危险去做偷窃这种事呢。”

所以，“待用”这种简单的公益模式，不仅可以帮助我们传统慈善完成治标的工作，还能在潜移默化中对某些问题的治理起到治本的作用。这种治本的功效，更是进一步加大了大家参与慈善的热情。

这种慈善，让人民帮助人民

“待用”为寻常百姓铺设了一条参与慈善的道路，为那种有爱却无处释放的感慨画上了句号。从仅仅是少部分人参与，到全体国民共同参与，“待用”为慈善带来了一个全新的时代。短短的几个月，我们看到爱心在“待用”这个平台上持续发酵。我们感受到了全民参与慈善那种如火的热情。这种状态让我们激动，更让很多还没有参与进来的人越来越显示出自己的迫不及待。我们可以很骄傲地说，“待用”，你让我们的慈善更精彩。

如果这份精彩仅仅是属于慈善，我想，“待用”还不会有今天这种魅力。

诚信

“大爷，我们真的不需要查验您的证件，我相信您。”这个声音传递的不仅是关爱，还有我们这个时代的诚信。没有人知道这位老大爷正在食用的这份“待用快餐”是哪一位爱心人士提前买下待用的，我们看到的是在没有任何人监督的情况下，我们的响应商家端出了那份“待用快餐”，我们看到的是大爷强烈要求查验自己的身份，却遭到了我们响应商家的拒绝。这正是对诚信最好的诠释。

生活的信心

“我不能成为别人的累赘，没啥困难是过不去的，我必须得自己养活我自己。不然的话我就对不起这碗面。”这是在庄主面庄吃“待用面”的乞讨者留给面庄的画面。因为“待用”，他重新拾起了生活的信心。

身教的平台

“今年我们知道了‘待用快餐’的事情，于是我们夫妻两个商量着，与其给女儿礼物，带她吃大餐，不如给她现场上一堂道德教育课。”这是那位将认购“待用快餐”作为女儿生日礼物的刘爸爸所说的话。因为有了“待用”，家长多了一个身教的平台。

归属感

“我和身边的很多同学在这两年大学生活中，都好像没有感觉到自己存在过。但是这次参与‘待用水’的推广工作，自己真真切切地有了一种存在感。”这是我们的橙子女孩徐鲁兴奋的告白。因为有了“待用”，她和她的伙伴们真实地感受到了自己的存在，他们第一次在这个社会找到了自己的归属感。

幸福感

“现在真好，有了这个‘待用水’，再大的太阳我也不怕了。这真是幸福。”这是环卫工人喝下‘待用水’后的笑脸，因为有了“待用”，那样辛苦的工作却让他感觉到了幸福。

反馈社会的平台

将字挂在店里最显眼的地方，让所有进店的客人都能看到那句“积善之家，必有余庆”。希望更多的人支持“待用理发”，和他一起帮助那些需要帮助的人。这是碧心爸爸真切的期盼。“待用”，让他那颗感恩的心找到了一个回馈社会的平台。

这一切都在告诉我们，当爱发酵，推动的远不止慈善。

创 新

SUSPENDED COMMONWEAL

“待用”，这种慈善很时尚

我们何曾想过慈善可以和时尚有所关联，我们何曾奢望过慈善可以走进文化的概念，直到有一天，当我们遇见了“待用”……

山东省首家“待用快餐”响应商家“徐福祥烩面”执行董事 王善艺

鑫磊文具授牌仪式

不同视角拍“待用”

在大家的关注和支持下，“待用”就这样迈出了自己的步伐。从“待用快餐”，到“待用饮用水”，又到“待用理发”，我们看见这本慈善的典籍正在一点一点丰富着它的内容。越来越多的人愿意翻阅它，越来越多的人开始喜欢它，越来越多的人去传递它，还有越来越多的人开始因为它发脾气，原因是他们所在的地方还没有它。不知不觉中，一股慈善的风暴已经在向我们靠近，也是在不知不觉中，我们也成了这股风暴的推动者。

有人说，“待用”带来了一场慈善的革命，它以其简单有效的特点吸引了越来越多的“革命者”。其实，我们还可以走出“慈善”的视角，从另一些角度去拍摄“待用”，我想我们同样可以发现它的可爱与独特之处。

PHOTO 1：我的快乐，与你分享

我有个朋友的儿子在北京工作，有一次我去看他。因为我是临近中午才到达他的单位，本来是想请他吃个午饭，不巧的是，刚好那天上午他临时接到了工作任务，完成工作的时候已经是下午 1 点钟了。因为下午还要准时上班，所以我们就选择了在他公司的员工食堂用餐。已经过了午饭高峰时段，食堂里面人不多。除了我们两个，旁边还有一张桌子坐了四个年轻人。

简单点了一些饭菜，我们就边吃边聊。这时候，邻桌有个小伙子的电话响了。“什么，初试过了，太好了。”我听到那小伙子说了这样一句话。

等他挂了电话，我看他很兴奋地站了起来，然后走出了食堂。不一会儿又走了回来，拎着一兜瓶装的可乐，然后给他那桌的三个年轻人每人发了一瓶，又走到我们这张桌子前，也放下了两瓶。“家里通知我公务员考试通过了，请你们喝。”他很开心地告诉我们这个好消息。后来我问我朋友的儿子是否认识那个年轻人，朋友的儿子告诉我：“可能也在这个大厦上班吧，不过我不认识。我想他就是想分享一下自己的喜悦吧。”

分享是一种对快乐的复制，我们每一个人都有做这个复制者的心理需要，我们也都希望自己的这种复制可以覆盖更多的人。传统的复制模式，是将我们的亲人、朋友、同事作为粘贴板。那我们有没有想过像那个请我喝可乐的小伙子那样，与陌生人分享自己的快乐呢？

走进“待用”的平台，也许是一份“待用快餐”，也许是一瓶“待用饮用水”，也许是“待用理发”，也许是“待用”的其他成员，总之，在你选择的区域留下自己的足迹。那么，当那些需要帮助的人带走你的爱心的同时，他们也分享了你的快乐。而你在帮助他们的时候，也同样会为自己的助人而感觉到幸福。“待用”不仅让我们对快乐进行了分享，而且还让我们将快乐升级。

“如果感到幸福你就拍拍手，如果感到幸福你就跺跺脚……”现在，当我们感到幸福的时候，又多了一种选择，参与“待用”，与陌生人分享你的快乐。

PHOTO2：教育孩子，又有妙招

每一年的 6 月 1 日都洋溢着特别的气氛，孩子们用各种各样的节目庆祝着自己的节日。2013 年，这个“节目单”上又多了一项叫作“认购”的选项，而南京的小朋友已经在这个选项上画了钩钩。

南京的一家抄手店在 2013 年 6 月 1 日就收到了一个小男孩的认购。

这家餐馆的老板讲，儿童节那天来了一个可爱的小男孩，他点了一份抄手带走，然后又告诉老板自己要认购一份“待用快餐”留给有需要的人。他还问老板索要凭证，就是要拿回家给妈妈看，他确实是用钱献爱心了而不是买了零食。

刚好，小男孩完成认购的时候，店里走进来一位聋哑老人，店员为老人家端了一份“待用快餐”。老板觉得家长让孩子在“六一”儿童节来认购，一定是想在这个特殊的日子，让孩子感受一下帮助他人的快乐，对孩子进行教育。于是，老板就告诉那个小朋友：“小朋友，那位老爷爷现在吃的那份快餐就是你刚刚认购的那份‘待用快餐’。你看老爷爷吃得多开心，是你用爱心温暖了他。”小男孩很开心，望着那位老爷爷，一直在笑。老板说要不是自己提醒他手里的抄手一会儿就不好吃了，恐怕老人家吃完了，那小家伙还在那儿笑呢。

我们中国人，向来都很注重对孩子的德育教育。现在的小学课堂还专门设置了德育课，为了让孩子们早早就在心里种下关爱他人的种子，我们的老师总是精心地设计授课方式。老师会通过讲故事、做游戏等等很多孩子们喜欢的方式，将教育的主题注入到这些过程当中去。现在，我们的德育课又有了另外一种授课形式，带孩子们参加一次“认购”的爱心活动，让他们实实在在地帮助一次他人，真真切切地体会一次帮助别人的快乐。就像那个认购的小男孩一样，那个老爷爷的笑容就是对他最好的德育教育，这笑容不仅给孩子留下了一个美好的回忆，更给孩子留下了一笔宝贵的精神财富。

PHOTO3：财富虽好，更要思考

“大学生创业实战赛”是华东理工大学的品牌活动，截至2013年，已经成功举办了十三届。这项活动之所以备受关注，不仅是因为这一直是华理学子走出校园、步入社会、锻炼自我的优秀平台，更是因为每次大赛结束后，校方都会开展“回馈社会”的活动，让大学生们用自己首次的创业所得去回馈社会，增强学生们的社会责任感。

历年来，大赛组委会都非常重视对赛后回馈活动的选择。比赛是为了让学生锻炼自我，引发他们对自己未来从业的思考，换句话说，是让他们思考怎样去创造财富。但是，回馈社会却是帮助他们树立正确的价值观，让他们思考为什么要去创造财富，怎样去运用自己的财富才更有意义。2013 年，华理选择了以“待用快餐”为主题的公益活动。

在大赛的最后一天，这些参赛的选手们走上了街头，通过发放宣传单、讲解等途径向市民们传递“待用快餐”的信息。有关人员讲：“这些大学生要想在短时间内将这项公益活动的起源和意义清晰地阐述给市民，首先必须自己做好功课，对这个行动有一个深刻的理解。我们的孩子身处在象牙塔内，有很多人甚至都没有意识到弱势群体的存在。在他们脑海里，可能所有人都和他们一样幸福。在这个自我学习的过程中，他们会感受到弱势群体的生活状态，会激发起他们的社会责任感，帮助他们树立正确的价值观。这也是我们反复思量，全面对比以后选择这项公益活动的初衷。”在宣传结束以后，这些大学生还用自己的创业所得购买了部分“待用快餐”。“比赛赛期有限，所得资金也并不是很多，并不能帮助很多需要帮助的人，但是这也是我们团队的一点心意。等我们走出校园，走上工作岗位，一定继续参与这项活动，帮助更多的人。”参赛队员说。

为了让学生们在步入社会后能有一个正确的价值观，我们的高校都设有“就业指导课”。这个课程一方面教会我们的大学生如何成功就业，如何在工作中创造价值，另一方面培养孩子们的社会责任感。课堂的讲解固然很重要，但是，让学生们切身实践，也是一个事半功倍的选择。华理就让学生们在“待用”的实践中上了一堂“就业指导课”。组委会人员讲，从后来学生的反馈中他们感受到，这次回馈社会活动的效果非常不错。

华东理工大学的社会反馈活动意义深远，怀揣责任，心系祖国，这正是大学生要展示的时代风采。

PHOTO4：老骥伏枥，志在千里

退休，是每一个人都要面对的路标。很多人在看到这个路标的时候，突然感觉自己迷了路，活动一下筋骨，感觉岁月确实在自己的身上留下了痕迹。但是，倾听一下内心，想要为社会继续作贡献的呼声却从没有停歇。退休，只不过是身体退出自己的工作岗位，但是价值并没有退出这个社会。

很多年轻人有这样的感觉，自己的父母，尤其是父亲，在退休以后，脾气突然变大了，动不动就发火，老爷子心里那股无名火，逮到个机会就蹿出来溜达溜达，甚至没有机会制造机会也要展现一下。以往天一亮，刷牙洗脸，然后精神抖擞地到单位，现在突然发现，天亮和天黑，除了一个看到的是太阳，一个面对的是月亮和星星以外，对他们好像没什么特别的意义。这自然让他们心情很不好，发脾气也就成了一件可以理解的事情。因为他们的心里依然想要发挥余热，想要为社会继续作贡献，希望让自己在这个社会重新找回存在感。

“‘待用’是一件天大的好事情。”这是一位退休老爷子激昂的语调。“我们这些老家伙，退了休，就每天待在家里。想出去找点活干吧，一是确实年龄大了，不好找。二来我要是执意再出去工作，儿子得怎么想我啊，我这个老爸什么意思嘛，我养不起他吗？一把年纪了还非要出去工作。但是你看我们，还耳不聋眼不花的，我们不是为了挣钱，就是想为社会做点事。但是没机会啊，你说我们郁闷不郁闷。现在我们不郁闷了，为啥呢？因为我们学会认购了。可别小看我们这些老头子，我们不仅有退休金，还有儿女给的养老金。再说，这个事也花不了几块钱，也不累。这让我们找到了一个为社会服务的新平台。说不准，哪个吃了我认购快餐的孩子将来就成了中国的比尔·盖茨呢。这要是没有我，那未来福布斯榜首能是咱中国人吗？一想到这些，我这个精气神啊，甭提有多好了。”

老人家为了寻回那种社会的存在感，会有很多选择。儿女最担心的就是父母退休以后整天闷在家里。出去走走，参与“待用”，既不会耗费很多钱，又不会耗费很大精力，这也是一种选择。就像那个老爷子说的，有很多个中国未来的比尔·盖茨正等着大家的帮助呢。

PHOTO5：食之无味，弃之可惜

“‘待用’的推行速度还要继续提高啊。今天奉老婆大人之命，到超市采买大红枣。刚好赶上超市搞活动，买一袋大的大红枣，还额外赠送两小袋阿胶枣。但是我们全家人都不喜欢吃阿胶枣。拿回去吧，一定是没有人吃。丢掉吧，我又觉得太可惜了。这时候我就想起了‘待用’。要是有‘待用小食’，就可以送去那里，留给喜欢吃的人去食用。”一位网友通过微博，发了这样一封私信给我。

我们经常会遇到超市搞这种促销的活动，通过搭配一些额外的产品推动某种主打产品的销量。但是有时候，这些赠送的产品并不是我们所需要的。例如有一次，我去超市给儿子买毛巾，刚好儿子喜欢那一款在搞活动，没有散卖的，都是三条在一起的包装，一买就要买三条，但是我们的实际需要只是一条。自然不能丢掉，那未免太浪费了，但是拿回家里也是放在柜子里，很久都用不到，物不尽其用，同样是另一种浪费。很多人都有我这样的经历，很多人家里也都有这样一个柜子，用来存放这些“陪嫁”物品。当我们有一天整理这个柜子的时候，会发现已经过了期的小瓶沐浴液，已经发了黄的毛巾等等。日用品还好，例如毛巾变黄了还可以二次利用，用来做抹布。但是很多食用性的物品，就只有被丢弃掉了。

这位网友倒是给了我们另一种选择。与其最终浪费掉，那不如将它们留给有需要的人。浪费是一种不珍惜社会资源，不尊重别人劳动成果的表现。有人说"浪费就等于犯罪"，那么与其做一个"罪犯"，倒不如让真正需要它们的人去享受这些劳动成果。

看看我们刚刚拍摄的这组照片，每一张都有着不同的内容。这些内容都源自于我们真实的生活状态，所以，总有一张适合你。

媒体、名士话“待用”

媒　体

如果说西安“御上文化厨房”率先响应并拉开了“待用公益”的帷幕，那么，在这股公益浪潮席卷全国的过程中，我们的媒体，就是最有效的推动力量。

在这场爱心的传递中，媒体用自己的实际行动，再一次向我们诠释了他们的社会责任感，也展现了他们在社会宣传中的强大作用。

2013 年 4 月 14 日，“待用快餐”率先出现在了人民网的报道中。报道清晰地记录了“待用公益”迈出的第一步并传递了我通过“待用快餐”倡导“待用公益”的想法。同年 4 月 15 日，“待用公益”的内容首先在河南得到丰富，河南电视台新农村频道官方微博当晚发布消息称，将于 15 日送出 10 张“待用电影票”。人民网记者得知此消息以后，通过与负责方电话沟通了解到，很多有需要的人拨打了申请电话。负责方表示，如果效果好，后期还会将这项公益活动继续下去。随后，人民网对此事做出了报道，及时展现了“待用”模式的可复制性。

2013 年 4 月 17 日，新华网发出了题目为《陈里，爱心不能被风言风语扼杀》的报道。紧接着，我应邀参加了新华网《第一回应》栏目的专访。同年 4 月 26 日，新华网对此次专访进行了报道。

接下来，新华网、人民网、中国共产党新闻网、中国青年网、光明网、网易、腾讯网、新浪网、凤凰网、搜狐网；中央电视台、北京卫视、广东卫视、陕西卫视、重庆卫视；《人民日报》《新华日报》《京华时报》《广州日报》《中国青年报》《中国新闻周刊》《南方都市报》《西安日报》《西安晚报》《羊城晚报》《南京日报》《河南日报》《福建日报》《国家电网报》《新民周刊》《文汇报》等多家网站、电视台和报刊对“待用公益”做出了报道。媒体为“待用”的传播插上了有力的翅膀，让这个公益的小天使迅速飞进了不同的省市。

专家名人看“待用”

在媒体跟踪报道的过程中，我们也看到了社会各界专家名人对“待用”的看法。

【龚晓燕：“待用”释放巨大正能量】

陕西省委宣传部副部长龚晓燕说：“在‘待用快餐’活动之初虽然出现了一些被误解、受冷遇等现象，但也必须认识到从倡议发出到现在，它释放出了巨大的正能量，充分说明了这是一项非常好的公益活动，我们一定要坚守信念、持之以恒、善做善成。”

龚晓燕号召各级政府部门及新闻媒体积极参与到“待用公益”活动当中，更好地传播“待用公益”的理念，让此项公益活动能够走进更多需要帮助的人群当中，让“待用公益”更加茁壮地成长。省委宣传部也热情期待、积极倡导“待用公益”这样的微公益形式，在更多的社会生活领域、更大的社会范围内拓展，以此传递爱心，不断推动社会文明程度的提高。

【赵普：受助无尊严，则慈善无意义】

西安一家餐厅推出了公益项目“待用快餐”，食客多掏一份钱帮助吃不上饭的人，彼此不见面，由餐厅中转。一次慈善行为由三个主题贯穿：爱、信任、尊严。爱是基于参与者对善念的价值认同；信任是持续推动的关键；尊严是慈善的终极意义。这最后一个词尤为重要，因为受助无尊严，则慈善无意义。

——央视主持人赵普

【徐卓阳：公益需要呵护和弘扬】

“待用快餐”传递的是待用公益的理念。公益需要呵护和弘扬，而不是用质疑的斧头来砍这棵大树。一斧头一斧头来砍，再高大的树也会倒下。“待用快餐”不能图“快”，要“慢慢”来。成熟一个推出一个。“快”不得！

——央视主持人徐卓阳

【谢雨峰：以“待用公益”为基础形成待用文化是慈善之幸、社会之福】

一份“待用快餐”所需花费不过十几、二十元钱，这种“微慈善”背后所体现的慈善理念和精神，是值得肯定与赞赏的。

如果由餐饮业的“待用快餐”能够衍生到其他领域和行业，如“待用饮料”“待用书籍”“待用爱心棉衣”等，在全社会形成以公益和慈善为基础的“待用文化”，是慈善之幸，社会之福。

——陕西省社会科学院社会学研究所副研究员谢雨峰

【贾西津：“待用快餐”使中国平民慈善之路渐行渐宽】

随着中国国民生活水平提高，越来越多的公民希望能够奉献爱心帮助那些确实有困难的弱势群体。时下在民间兴起这样的“微公益”慈善活动，为“草根”们搭建了参与力所能及的慈善活动的平台。

——清华大学公共管理学院副教授贾西津

【廖成林：“待用快餐”是一个平民慈善的行为】

“待用快餐”事实上就是一个平民慈善的行为，作为一种社会公益举动，它必然会受到关注。这种爱心善举很特别，温暖且温情。

要做好这件事，首先要让更多的人知道有这么一个爱心公益活动，知道的人多，参与的人才会多；另外，在管理上也需要公开透明，比如对外公开每天认购的有多少，认领的又有多少，只有公开透明，才会让彼此更信任。爱心餐厅应该主动“出击”，让需要帮助的人能够接收到爱心。

——重庆大学经济与工商管理学院教授廖成林

【王振耀：“创新慈善”需要呵护】

“待用快餐”可以说是慈善创新的一个小探索，它的最大意义在于彼此之间相互的理解和尊重，大家把保护隐私和保证尊严放在第一位。

当代中国创新的慈善产品太少，新的慈善形式在中国还比较少见，中国的慈善确实需要一些创新。“待用快餐”可以说是慈善创新的一个小小探索，需要大家的呵护。它的最大意义不在于送给有需要的人群多少份饭，多少人参与了这件事情，而在于彼此之间相互的理解和尊重，大家把保护隐私和保证尊严放在第一位。先要求透明的慈善，是建立在彼此不信任基础上的初级慈善。真正现代意义的慈善肯定是有尊严的慈善，不让受助者说感恩，而是捐助者自己说感恩。

慈善更高的境界应该是一种生活理念和生活方式，做慈善并不只是为了帮助别人，更重要的是快乐自己。

——北京师范大学中国公益研究院院长王振耀

我感谢所有的媒体，因为正是他们这种实事求是的报道，才让这项公益在最短的时间内走进了更多百姓的视野。也正是这种对事实正确、乐观的阐述，进一步加大了群众对这项新型公益的信心，调动了百姓参与该项公益的积极性。我也感谢各位专家学者对“待用”提出的那些中肯的意见。

“待用”是所有爱心人士共同的孩子。我相信，在社会各界的关注与爱护之下，“待用”很快就会成长为一个意气风发的少年。未来，让我们一同看着这个少年，踏踏实实踩下每一个慈善的脚印。

“待用”文化，温暖相拥

“史蒂夫将对于简单的信仰灌输到公司的灵魂深处，苹果公司从而能够在未来多年里继续成功。”

——肯·西格尔

这就是与乔布斯共同走过14个年头，iMac的命名者，资深创意总监肯·西格尔对乔布斯以及苹果公司的评价。

对于苹果，大家早已不再陌生。有人说苹果简直堪称一个“帝国”。这个传奇的帝国对外发布的不是产品，而是业界一个又一个的神话。所以有很多人开始了对这座城堡的探索之旅，他们要挖掘出为苹果带来巨大财富的宝藏。终于，这种探索有了最终的结果，这个结果正如肯·西格尔所说的那样，只有两个字，就是“简单”。

乔布斯这样要求苹果的研发部门：“在简单中做完所有事”“在做所有事中的那种便捷”。在这一理念的指导下，苹果成功地推出了iMac、iPhone、iPad等系列产品。这些产品无论是从外观，还是启动以后的系统操作，都在传输着苹果公司的企业灵魂，那就是“简单”。

苹果的成功告诉我们，越是简单，就越被人们所接受。

买一份快餐留给别人“待用”，这是一个多么简单的行为。我们不需要去询问，在我们身边有哪些是需要我们帮助的人；我们也不必再面对着一个乞丐，在帮与不帮之间，重复那种徘徊。给一点钱，怕遇到的是职业乞丐，不给，自己的爱心又觉得受到了伤害；我们更不需要担心我们小小的支付是否能真正帮助到那些人，因为我们知道，有千千万万个爱心人士，他们与我们一起，与“待用”同在。正是因为这种简单，所以才有越来越多的人选择了“待用”，去作为自己安放爱心的平台。

以前我们感觉慈善距离我们很遥远。我们甚至怀疑过，是不是必须要等到自己拥有了可观的资产以后，才可以在那个区域活动。但是现在，因为“待用”，我们发现，慈善的景区就在我们身边。我们每一个人都可以很容易地走进去，欣赏这个景区的风景，并为这个景区的建设奉献一份自己的力量。

爱迪生留下这样一个故事：一次，他需要知道一个梨形灯泡的容积，就把这个测量的任务交给了他的助手。他的助手几乎运用了所有相关的测量工具、数学公式和几何知识，弄了几个小时还是没有结果。爱迪生知道以后，将那个灯泡倒满了水，然后告诉他的助手，将灯泡里面的水倒入量杯。

这个故事告诉我们，简单不仅有效，而且高效。

翻开“待用”，我们看到了这样的数字，全国目前有 30 多个城市，近 300 多家店面成为“待用快餐”的响应商家，每个商家的认购数量都已经开始从数以千计向着数以万计的趋势发展。“买单，打包”，这对人们外出用餐后的宠儿，现在完美地晋升为“兄长”。新一轮的餐后流行语变成了“买单，打包，认购”。短短百天，“待用”就掀起了慈善的热潮。

慈善，这是每一个有爱之人心中的向往，而每一种慈善模式的产生，都是为了让更多的人将爱释放，然后将这些爱心输送到需要的地方。慈善事业需要的是面的响应，而不是一条线，更不是某个点。正如一堆燃烧的篝火，它燃烧得再旺盛，可以在它旁边取暖的人也是有限的。只有太阳出来了，可以得到温暖的人才会是无限的。慈善的太阳就是所有的百姓。如果一种模式可以让每个百姓身上都绽放出慈善的光彩，那么它就托起了一个爱的太阳。

我们看到，“待用”这种简单的微公益，正托着那个太阳缓缓升起。从它探出地平线那一秒开始，我们深爱的那片土地，就多了很多幸福的泪滴。他们遇到了困难，但是他们不再畏惧，因为他们有我们这些同胞兄弟。我们不会再让他们感觉到自己像浮萍一样无依，我们愿意陪伴在他们身边，为他们挡风遮雨。我们愿意做一碗心灵的鸡汤，将他们疗愈。

我们饿了，会很自然地打开家里的厨具，用电或者煤气将那些生冷的食物煮熟，然后美美地吃上一顿；我们渴了，会很自然地取过水瓶，将水倒进杯子，然后送到胃中；我们累了，会很自然地走到自己的床边，然后舒服地睡上一觉；我们病了，会很自然地遵医嘱，然后服用对症的药。现在我们想要献爱心了，就会很自然地走进一家“待用快餐”的响应商家，然后告诉店里：“我买一份‘待用快餐’。”

“待用”，它的简单让慈善生活化，它的新颖又为慈善披上了一件时尚的外衣。在它的传播中，我们感觉到了很多现代气息。有人将它作为传递个人快乐的桥梁，有人选它做教育孩子的课堂；它可以帮助即将毕业的大学生树立正确的价值观；也可以满足老年人发挥余热的心愿。“待用”，正在被越来越多的人认同并践行。

著名文化学者于丹曾经引用《周易》中的一句话来告诉大家什么叫作文化。于丹讲：“‘周易’上有一句话说得好‘观乎天文以察时变，观乎人文以化成天下’。文化文化，文而化之的过程，不是简单的名词，而是动词。文化不是难懂、深奥的典籍，文化是我们的生活方式。”文化不是写出来的，文化是做出来的。

“待用”开始成为人们生活方式的过程，也是“待用文化”逐渐形成的过程。这项主题为爱的文化，传承着历史，它让我们感受到了中华民族的大爱；这项主题为爱的文化，更牵系着未来。“我们的国家没有人在流浪，我们的孩子都能有学上，我们的老人都是老有所养。”世界上还没有哪个国家敢这样讲。但是，我们中华民族愿意发出这个呼喊，我们 13 亿同胞愿意共同许下这个心愿。因为我们知道，一种文化正将慈善的雨露洒向每个人的心田。

践　行

SUSPENDED COMMONWEAL

不做“一阵风”公益，总有你可以参与的

企业承载的是产品，而公益承载的却是人心。无论多么昂贵的产品，它总是有价的，但善心是无价的。

汇川区启动“随手公益、善行汇川”志愿者服务活动

贵州“待用公益”关爱农村留守儿童

“待用”欢迎你

“待用”是一种全新并且充满活力的慈善，之所以说它新，是因为它的这种方式，在慈善的字典中还是第一次出现。之所以说它充满活力，一是因为它一出现就吸引了大量爱心人士的目光，向我们展现了一个惊人的传播速度；二是因为它的模式可复制性强，我们生活所需的物品几乎都可以拿到这个平台上进行“待用”。除此之外，还有非常重要的一点，就是它的可嫁接性，我们生活中的方方面面几乎都可以与其融合。

logo 不会拒绝你

在市场经济中，企业要想在浩瀚的商海中占有一席之地，好的产品自然是第一位的。在科技高度发展的今天，对于我们的生产型企业而言，产品核心技术上的差距已经是微乎其微了。所以，我们今天去定义一个产品，已经不再是仅仅对产品本身的定义，我们还要看这个生产厂家的品牌。品牌是什么，通俗化理解，就是这个厂家在老百姓那儿的口碑。厂家的产品质量怎么样，它的售后服务怎么样，这家企业是不是有社会责任感，国家遇到灾难了，这家企业有没有与全国人民一起抗灾救灾。产品很重要，但是老百姓心中那杆秤更重要。

有人通过微博询问我，生产型企业能否加入“待用”，回答当然是肯定的。接着他又问我，那是否可以直接在生产出的产品上打上“待用”的字样。我认为这也是一个很不错的提议。

为了赢得老百姓的认可，广告成了大多数企业宣传自我的重要途径。每年，企业为了宣传产品，都要支付不便宜的广告费用。尤其是一些规模型企业，广告费动辄以百万计算，有的甚至打破千万大关。这种大手笔的广告支出也是源于与对手的博弈，是现实版对囚徒困境的解答方式。

让公司产品成为“待用”公益的一部分，让“待用”的字样直接出现在产品上，这确实为企业提供了一种新的广告形式。这种形式的优势有几点：首先，一股“待用”文化已经逐步形成。在这样的氛围下，产品上打上“待用”字样，必然会引来社会上更多关注的目光，这就实现了对产品宣传的作用；其次，“待用”归根结底是一项慈善活动。企业产品参与“待用”，这就向社会展现了这个企业的社会责任感。这种展现不仅是每时每刻的，而且还是老百姓可以亲眼看到的，这就增进了百姓和这家公司的亲近感；最后，“待用”不是企业免费捐赠，而是由爱心人士付费的。尽管“待用”要求每一个加入的产品，必须是以成本价或者低于成本价售予爱心人士，但是这种花费相对于其他任何形式的广告费用，价格都是最低的。

我们很多生产企业，例如服装、被褥、手机、家电、医疗器械等等，都可以选择这种新的广告模式。还有我们的图书、影像出版公司，也可以加入其中。从生活必需品，到精神必需品，只要你有爱心，产品质量有保证，“待用”的 logo 都愿意出现在你的产品上。

联手其他微公益

微公益在中国并不是一个新兴事物。“免费午餐”“多背一公斤”“小雨滴”“微微萤火虫”等等都是微公益团体中的一员。虽然这些微公益模式、特点各不相同，但是所表达的心愿却是相同的。如果大家可以将各自的优势完美结合，那么我想，这对于微公益来讲是一件幸事，对于那些需要帮助的人来说，更是一声福音。

现在城里的人大多住着楼房，不像过去旧式平房时期，邻里之间走动那么频繁。我曾经去一个朋友家做客，朋友妻子在做饭的时候，锅出了问题，需要一把螺丝刀拆卸开解决一下故障。问题不大，但是朋友家刚好没有螺丝刀，朋友就打发孩子出去买，孩子出去了好长时间才买到，然后解决了问题。他们家住在三楼，我从他们家出来，走到二楼的时候，一股水喷到了我身上。一个住户家的门开着，一个小男孩正在玩水枪。他爸爸赶紧出来和我道歉，为了表示我并不介意，我们就聊了几句，知道他是一个电工，我还看见了在门旁边有一个工具箱。楼上楼下住着，我朋友竟不知道有一个电工邻居。如果知道，那螺丝刀借用一下就好，何必让孩子在大热天跑一趟。

其实，所有的微公益就是住在同一个单元的住户。我想，我们不应该去做那种陌生的邻居。在我们帮助别人的时候，更要加强彼此之间的沟通，让彼此了解各自的优势。一方面，这种了解可以让我们对微公益进行更加深入的思考，通过资源整合以及优势互补，产生更好的公益效果。另一方面，更是为了避免类似“螺丝刀”事件的发生。如果一种微公益在某时需要某方面资源实现对目标群体的及时帮助，而这种资源刚好在那一时间不足的时候，可以知道从哪里及时地获取这种资源。“螺丝刀”的事件让我们错过的仅仅是饭时，但是公益如果不及时，我们错过的会更多。

“待用”是微公益的一员，它希望自己在公益的道路上越走越远，希望自己可以为公益做出更大的贡献。它也同样希望自己可以与其他微公益兄弟携手，为公益打造一个更加美好的明天。

“免费午餐”是通过向社会募集善款，为山村小学配备厨房电器、餐具、午餐费，让孩子们可以拥有吃一顿热饭菜的机会。我想“待用电器”“待用餐具”可以参与；

“多背一公斤”是提倡旅行时多背一公斤，把文具或书籍等带给沿途贫困落后地区的学校或孩子。“待用文具”“待用图书”也可以放进旅行者的背囊里；

“小雨滴”的帮助对象是西北山区贫困的留守儿童。“待用文具”“待用图书”“待用玩具”也可以成为雨滴，和其他小雨滴一起，走进孩子的生活里；

“微微萤火虫”关注的是经济条件相对落后地区儿童的阅读、发掘儿童潜力。“待用图书”同样愿意和它一起带孩子们走进知识的世界。

微公益的模式还有很多，只要可以，“待用”愿意为每一种微公益出一份力。同时我也相信，假如有一天，“待用”急需一把“螺丝刀”，其他的微公益也会第一时间将它递到“待用”的手里。因为所有公益活动的倡议者都有一个心愿——找到公益最大的赢家，而公益最大的赢家就是让更多需要帮助的人受益。

为政府分忧

“待用”之所以从落地开始，就展现出良好的发展势头，这不仅源于民间爱心人士对它的推动，也源于政府相关部门对它的关怀。改革开放以来，我国的经济取得了突飞猛进的发展，越来越多的百姓过上了小康的生活，这种进步是世人有目共睹的。中华民族是一个优秀的民族，这种优秀不仅仅是因为我们勤奋努力，积极进取，更是因为我们在取得成绩的同时，从来都不曾逃避问题。我国还有数百万流浪儿童，上千万的残疾人和过亿的贫困人口。在帮助这些人摆脱困境的道路上，我们的政府更是一直在努力，从未停止过探索。

天下兴亡，匹夫有责。我们每一个百姓有享受国家发展所取得成果的权利，也同样有略尽绵力，为国分忧的义务。每个国家都是一支队伍，上百支队伍都走在发展的路上。一支队伍走到了哪里，不是看最快的那个人走到了哪里，而是在于最慢的人还停留在哪里。中国要做一支优秀的队伍，所以我们追求的是平均速度的最大值。这个最大值的取得需要政府正确的领导，也需要我们所有百姓的共同努力，搀扶起那些走得慢的人。

我们国家有很多残疾人，他们需要一些可以辅助他们日常生活的医疗器械。但是由于家庭经济所限，他们无力承担费用。身体的残疾已经对他们的心灵造成了第一次的伤害，因为得不到辅助器械的帮助，他们的生活就要相当大程度地依赖于自己的家人，这又让一部分残疾人心中有一种对家人的拖累感，让他们受到了二次伤害，并直接影响到了他们对日后生活的信心。为了帮助他们，很多地方政府都给当地的残疾人赠送过医疗器械。

“待用器械”也会是“待用”的一部分。“待用”愿意从政府相关部门那里接过当地经济困难残疾人所需器械的明细单，将那些“待用器械”及时送到有需要的人手中。

无论是“待用学费”“待用家政”，还是“待用”家族的任何一员，都愿意和政府有关部门一起，为那些需要帮助的人送去温暖。

“待用”是爱的行动，所以只要和爱有关，它不会拒绝任何企业、慈善组织、个人机构与它的融合。同时，它也呼唤这种相互融合的局面早日形成，让弱势群体得到更大的帮助。

像经营企业一样经营公益

从微公益走进中国至今，可以说是让人欢喜让人忧。喜的是这种民间慈善确实有效地帮助弱势群体解决了一些问题。忧的是这种有效绝大多数都做不到长效。我们不曾否认微公益是一种很好的公益模式，是对传统慈善模式的有力补充。也正因如此，我们就更有必要对目前微公益所表现出的短命性进行思考。

经营这两个字，我们常常用来定位企业，却很少看到它出现在公益的前面。其实，公益比企业更需要经营。因为企业承载的是产品，而公益承载的却是人心。无论多么昂贵的产品它总是有价的，但善心是无价的。一种公益模式如果是以出现、得到认可、被淡化，最后消失这四个阶段作为生命周期的话，就等于带着爱心人士经历了一次从满怀希望到彻底失望的过程。失望多了，就会演变成对微公益的绝望。因此，慈善需要经营，而且要比经营企业更用心地经营。

微公益的发起人可以是你、是我、是他，也可以是我们当中的任何一个人。因为没有限制，所以任何一种好的想法都可以通过微公益的平台成为一种新的微公益模式。创办一家企业，创立者一定是经过深思熟虑的，因为这是要真金白银投入的。但是微公益一般是通过微博这种网络新平台发起，处于发起无成本状态。这就使得很多发起人在决定发起的时候，感性因素多于理性的分析，对后续发展可能产生的问题估计不足，甚至从未估计。这就容易导致当问题出现时的束手无策，最终使得一种模式走向失败。

“待用”同样是一种微公益形式。尽管它的形式非常新颖，尽管它从一开始就得到了人们广泛的关注和认可，但是，如果对它没有一个长远的认识和规划，它也同样难逃短命的噩运。

从决定发起“待用”的那一刻起，我对它就有了一种定义：“待用”是一项慈善产业。随着它的发展，“待用”将会形成一条完整的慈善产业链。当然，实现这个远景规划需要时间，需要很多人和我齐心合力、不断思考，更需要脚踏实地地推动“待用”走好每一步。

Step1：优秀的团队

一把宝剑，放在一个姑娘的手里，可能她会无所适从，觉得是个累赘。但是如果放在一个将军的手里，就可能成为指挥千军万马奋勇杀敌的指挥棒。同样一个物件，只有放在正确的人手中，才能发挥出它该有的威力。如果说“待用”是一把好剑，首先就必须找到最适合握着它的人。一支优秀的团队，这对于“待用”来讲，是最重要的。

对公益有正确的理解和认识，这是加入团队的首要条件。把公益当成一种冲动的人，他可能做了一天就走了；把公益当成工作的人，他可能做了一个月就走了；只有把公益当成事业，当成生命一部分的人，才会陪伴着一项公益事业永远地走下去。企业都竭尽全力不让员工流失，因为当一个员工流失，那么这个企业在他身上的培养投入也随之流失。不仅如此，大量的员工流失还会连带让企业的声誉也随之流失。这个道理，同样适用于“待用”。所以，这支队伍的成员一定是对“待用”有着正确理解并深刻认可的人。

有一定的专业技能，这也是加入“待用”团队必不可少的条件之一。“待用”是慈善，但是仅仅拥有一颗慈善的心，是不可能做好慈善公益的。“待用”要有自己的网站，有自己的宣传，要对各方的参与者进行规范的管理，而这些参与者来自于各行各业。无论是哪一方面，都不是单凭一腔热忱就可以胜任的。

有良好的服从和执行能力，这一点也非常关键。“待用”在未来也会遇到难题，不同的人解决问题的办法也一定会有所差异。但是，一旦讨论后达成最终的决议，就要求团队人员服从组织的讨论结果，不可以因为个人意见没有被采纳而产生抵触情绪。同时，所有的决议下达之后，要求成员迅速反应，尽快落实。慈善拒绝等待。

Step2：传承性的公益文化

每一个企业都有它独有的韵味。这种韵味里蕴含的是企业对外传递的企业核心理念和对未来发展的深切期盼。一种公益形式也应该有它独有的公益文化。成功的公益文化不仅会让团队成员对这种公益产生深厚的归属感，增强成员的责任感和使命感，为成员带来荣誉感和成就感，而且会加强人们对这项公益的体验感和信任感。

“待用”会是第一个拥有公益文化的微公益形式。这种文化要以人为本，在具有鲜明个性和特色的同时，还要彰显出它与环境的协调性和适应性。“待用”是微公益模式的创新，那么它的文化同样要具有创新性，要与时俱进，随着外部环境的变化不断完善、发展。最后一点，也是最重要的一点，这种文化必须具有传承性。“待用”产生于我们这个时代，它属于我们，但它也属于我们的子孙后代。我希望“待用”这种公益可以传承下去，我也相信，这种传承一定可以实现。

Step3：规范的制度

不同的人做同一件事会有各种不同的标准。但是由不同的人组成的团队去做一件事，只可以有一种标准。“待用”如果想要长期并且健康地发展下去，就必须有规范的制度作为依托和保证。

一套好的制度必然要遵循科学、完整和实用的原则。我们要向其他优秀的项目管理团队学习，在结合自身特点的基础上，出台各项制度。这样的制度才会既符合“待用”发展的实际情况，又可以切实解决自身存在的潜在问题。

制度的完整性是让各个环节都有章可循的重要保障。“待用”会根据自身对成员的要求，制定出一系列成员招聘、培训、日常管理、考核等人事制度；针对于“待用”的网站和宣传模式，会有相应的网站和宣传管理制度；针对于对响应商家的选择，会有甄选制度；针对于响应商家的推行情况，同样会有监督的制度，等等。在“待用”有任何新动作之前，团队都要对其可行性进行深入的分析，看到前景的同时也要看到可能出现的问题，制定相应的规范，从而保障“待用”制度的完整性。

制度最终是用来规范各方行为，解决各方问题的。因此，“待用”的制度要避免复杂化，做到简单实用。

制度建设后最重要的一点是对执行情况进行跟踪管理。“待用”不需要一张张打满了字的纸，它需要的是在现实中让那些内容得到最大化的体现。这种跟踪管理不是对成员以及参与各方的不信任，而是为了避免大家因为理解上的深浅度不同而导致执行结果的偏差。

Step4：全面的宣传

虽然“待用”已经走进了全国几十个省市，但是它没有影响的地方还有很多很多。这些地方同样有弱势群体存在，他们也同样希望得到身边人的帮助。既然“待用”已经被证实是一种适合于全民参与并且颇具实效性的公益形式，那么它就必须加快脚步，让更多的人通过它感受到社会的温暖，体会到同胞的关怀。因此，全方位、大力度的宣传是非常必要的。

对于“待用”，我认为最好的宣传方式就是让它生活化，让人们在生活中时刻都可以看到它的身影。接下来，“待用”执行团队会在人们生活用品中加入“待用”的元素。例如我们用的笔、本、信封、明信片，又比如说钥匙链、小饰品等，甚至是一些户外广告。只要我们能想到的，能做到的，我们就会尽力去做，让这项公益尽快走进每个国人的生活。

现在的“待用”充满着朝气，我们需要，也应该让这种朝气保持下去。发起一项公益行动简单，但是持续下去并不是一件容易的事。而要让一项公益最终发展成为一种慈善产业链，就更是难上加难。

“待用”不是我国出现的第一个微公益模式，它也不会是最后一个。但是，我希望它可以开辟微公益产业链的先河。我更希望这条产业链可以长久有效地运转下去，将爱源源不断地传递出去。

我坚信，在执行团队的不懈努力下，在社会各界的大力支持下，“待用”一定会成为一项长青的慈善事业！

我给“待用”出点子

自2013年4月13日，西安“御上文化厨房”成为首家“待用快餐”响应商家以来，全国“待用快餐”的响应商家已经发展到了近300家，分布在不同的省市。尽管每个响应点加入这项行动的初衷都是相同的，但是，一段时间过后，各响应点的发展状态却呈现出了很大的不同。

“待用快餐”是“待用”家族的第一个成员，它的经验对日后“待用公益”的发展有着非常重要的参考和指导价值。于是，我委托几个发展比较好的城市的待用团队负责人，将他们的推广经验总结一下，以便于大家共同思考，为“待用”日后发展提出更多实用性的建议。

贵州
——庞学松

翻开我们贵州“待用快餐”的记事本，会发现贵州每一家响应商家认购的份数一般高于认领份数10份左右。相对于一些地区认购份数远远高于认领份数的状态，我觉得这种认购略高于认领的状态恰是“待用”想看到的结果。因为我们都知道，大多数弱势群体并不具备上网，甚至是看电视和读报纸的条件。贵州之所以会出现这种局面，我想与我们因地制宜的推广方式有着直接的关系。

贵州遵义汇川区域的推广模式是这样的：

一、贵州“待用快餐”公益活动遵义汇川区域将采取“待用执行团队与政府服务机构相合作”的操作推动模式。

二、遵义汇川区域所有“待用快餐”公益活动的开展均首先遵循“待用快餐”发起人陈里老师的核心理念及总部指导精神，根据区域具体性质，再做有利于本地区的活动执行方案。

三、在活动开展推动中，根据双方议定：政府服务机构汇川区宣传部、文明办具体负责“待用快餐”公益活动在本地区的宣传推广与宣传广告用品制作；待用爱心团队负责制订响应商家申请、开发、培训等具体事宜的执行方案。双方共同对响应商家进行前期考察，共同决定是否可以通过响应申请，共同处理活动开展中遇到的突发问题。

贵州在“待用快餐”推广过程中，最具特色的就是“五进”活动：

（一）“待用公益”进社区

在“待用快餐”启动初期，基于媒体报道和广告宣传，贵州响应商家的认购、认领在短时间内都有了很大的提升。但是，这种升温持续了一段时间之后，开始逐渐趋于平缓。这个时候，媒体宣传的优势已经不再明显，老百姓的口碑相传开始发挥作用。

走进社区，成了“待用快餐”公益活动推广中的一项简单易行的操作流程。

在此项推广活动中，我们组织了社区各部门工作人员、热心群众、孤寡孤巢老人、残疾人士、困难家庭等弱势群体人员共同参与。由我们“待用爱心团队”进行活动理念宣讲，并对参与者的提问进行现场解答。

此举有效推动了“待用快餐”公益理念在基层民众间的传递，让很多没有被现代媒体传播所覆盖的人群了解了这项活动。

（二）“待用公益”进商家

作为“待用公益”活动的响应商家，首先必须对“待用公益”的核心理念有着深刻的领悟。这种领悟应该是从上而下的。只有老板自己理解是远远不够的。在对响应商家进行后期监督管理的过程中，我们发现，当一个商家出现员工职务变化、辞职流动、休假轮换的情况以后，就不能对“待用公益”的理念进行很好地交接与传递，继而造成响应逐渐淡化。

为了避免这种情况发生，我们决定走进商家，和商家负责人以及全体员工针对“待用公益”开展不定期的学习和探讨活动，进而保证响应商家对公益理念长期有效地进行传递。

（三）“待用公益”进学校

2013年5月31日，贵州“待用公益”首次走进学校，与桐梓县容光乡元木小学、海尔希望小学的27名贫困留守儿童和老师一起，感受“待用公益”。

在“待用公益”项目实施点，孩子们享用了“待用快餐”。这些从未走出过大山深处的留守孩子，亲身体会了“待用公益”对他们的帮助。

2013年6月7、8、9日高考期间，各“待用快餐”爱心餐厅在贵州团队统一部署与指导下，开展了为期三天的“待用快餐”助力高考学子活动，为高考期间离家较远，用餐有困难的同学及家长提供了高考“待用快餐”。

2013年6月24、25、26日中考期间，在之前开展的助力高考学子活动成果的基础上，再次开展了以助力中考学子为主题的“待用快餐”公益主题活动。

基于以上“待用公益”活动的开展，贵州待用爱心团队决定以“爱心传递，从小做起”为主旨，让各阶段的学子都能亲身感受并参与到“待用公益”的传播中来。

（四）“待用公益”进企业

2013年5月23日，贵州待用爱心团队在遵义大世界酒店开展了首期企业员工“待用快餐”公益活动培训大会。来自不同企业的负责人、管理层、员工代表认真听取和学习了“待用”行动的目的、意义以及参与方式。

（五）“待用公益”进讲堂

2013年5月31日上午，“待用快餐公益活动培训会暨汇川区道德讲堂”在遵义港澳大酒店多功能会议厅举行。“待用公益”响应商家、遵义师范学院志愿者、部分企业员工、社区干部等150余人参加了这次的大讲堂活动。

作为待用爱心团队贵州负责人，在培训中，我从孝道、善念、感恩等不同角度向参加培训人员讲解了“待用公益”的起源、发起和服务理念，得到了非常好的反响。

“这么好的公益活动，怎能少了多彩贵州，怎能少了有着光荣传统、革命老区红色圣地的遵义！”这是2013年4月16日，我第一次向“待用快餐”发起人陈里老师发起的心灵相约。看着“待用”从落地贵州到一步一步地成长，热衷公益的我有着难以言表的心情。“待用快餐”在贵州落地3个月时，我在“多彩贵州”歌唱大赛遵义汇川总决赛的嘉宾讲话中谈到：“待用快餐”公益活动是我这30多年来遇到的最好的公益活动！3个月前如是，3个月后如是，我们更期待3年或者30年后依然如是。

在贵州公益事业的发展历程上，“待用公益”作为一项以“尊严”为精神，“信任”为核心，“善意”为主导，“帮助”为重点，人人可参与的微公益爱心活动，掀开了贵州公益事业的新篇章。

“待用公益”在未来的成长路上，仍需要我们每一位志愿者认真、用心、踏实地身践力行，需要多方面的支持，需要切实有效的推广模式。贵州待用公益，正以燎原之势汇入爱心公益的大海。

郑州
——宋伟

在全国各大响应城市中，郑州取得的效果是有目共睹的。这和我们爱心团队的努力以及广大爱心人士的支持息息相关。从对响应商家的资料审核到后期的配套宣传和监督管理，我们都进行了深入的思考并将这种思考具体落实在了推广的工作当中。希望我们的经验及感悟可以对兄弟城市的推广有所帮助。

流程：

企业申请

哪些餐饮企业可以申请？

· 合法经营，证照齐全；

· 保证所提供餐饮安全卫生；

· 能协调出固定人员负责联络、沟通、信息发布的工作；

· 主副食可以完整一份打包外送的快餐类企业；

· 以成本或低于成本的价格让顾客认购；

· 善尽受托者的职责，将被认购的“待用快餐”转交给需要的人；

· 待用快餐响应商家对“待用快餐”没有支配权；

· 不分辨、不盘查取用者，不登记、不留取用者任何资料；

· 定期公布收支账目；

· 能够长期参与本项目活动；

· 认同本项目宗旨，能够配合项目实施；

企业信息采集

资料核实

当爱心团队接收到企业申请之后，需在三个工作日内与申请企业联系，建议通过邮件或者电话形式，必须与企业法人取得联系，主要内容包含：确认企业资料的真实性；确认是经过企业法人同意后发出的申请。

现场核实

在与申请企业沟通确认消息准确无误之后，爱心团队要通知监督委员会的志愿者前去实地考察，依照就近原则选派距离企业最近的志愿者去考察。志愿者需要佩戴统一的相关标识，并表明身份。志愿者的考察内容主要包含：申请企业卫生状况，与企业沟通申请成功后需要配合的工作。另外，志愿者需要拍摄企业现场照片，照片提交数量不低于五张。

核实反馈

志愿者在完成考察的当天需要提交项目考察登记表，可以先将电子版本发送至项目组邮箱。“待用快餐”核心组在收到之后，可以给申请企业发邮件或者电话进行信息反馈，通知其是否通过，对于未能通过的企业要及时告知企业原因。

我们对提出申请的商家有着非常严格的审核。我们的申请表中不仅包含着申请商家所有的基本信息，而且还设置了特定的问题。这些问题包括：“待用快餐”的含义是什么；企业在参与的过程中应该尽到哪些义务等。同时建议餐饮企业开通新浪微博，用于每天在网上公布当天的“待用快餐”认购和取用情况。我们之所以设置那两个问题，主要是强制企业在提出正式申请之前能对日后的推行有一个较为深入的思考。而开通微博，公示“待用快餐”运转情况，是为了让信息彻底透明化。作为一项民间的微公益形式，“待用快餐”的响应商家也应该接受更多人的监督。

服务要求

当有需求者上门取用“待用快餐”时，响应商家在有“待用快餐”余额的情况下，应在第一时间为取用者提供餐饮和服务，且餐饮标准和服务标准不能打折扣，同付费客人一样。企业也可以根据需求者需要提供店内或者打包服务。

根据项目需要，应进行收支登记和信息发布。

响应商家需要及时在店面公告栏和网络上发布收支信息，方便查询。

“待用快餐”郑州核心服务团队要求响应商家对入店认领的人必须落实“三不”原则：不辨别、不登记、不拍照，以有效体现“待用”为需要帮助的人提供有尊严帮助的公益特点。

信息发布

响应商家通过微博发布的信息内容包含：接收到捐赠的“待用快餐”数量以及企业地址、电话等；已经给出的“待用快餐”数量及日期。

信息发布注意事项

信息的发布应遵循以下原则：

1. 真实性；

2. 时效性；

3. 互动性。

私访制度

为了保障响应商家按照爱心团队的规范认真执行，爱心团队成员会以顾客或者认领者的身份对响应商家进行不定期的私访。对于违规的商家，初犯者，爱心团队会给予警告，并将这个惩罚结果通过微博进行发布。如果响应商家出现三次违规情况，将会被取消响应资格，结果同样会通过微博对外发布。

媒体跟踪报道

从第一家“待用快餐”在郑州出现，我们就与当地的媒体产生了非常密切的互动。多家媒体对“待用”进行了跟踪报道，为我们的推广起到了非常好的宣传作用。

郑州向来都是一个公益气氛浓厚的城市，我想这也是郑州可以迅速开展“待用”行动的重要原因之一。“待用”行动在郑州才刚刚开始，我们知道还有许许多多的地方做得不够。希望通过这种分享，我们可以启迪兄弟城市对“待用”的思考，也诚恳地希望大家指出我们做法中的不足，让我们可以及时地进行改正。

尽管“待用快餐”目前在郑州的发展势头非常好，但是我们知道，这种努力不可以间断。我们必须一直努力下去，才能将这项公益事业发扬光大。

“待用响应第一人”谈“待用”
——高文麒

这份资料是我参与“待用快餐”以来，在众多热心支持的网友、传媒不断提醒和追问之下，经过反复修正，得出来的一种阶段性的总结。

这份资料的完成，要感谢陈里老师，感谢“周至冷娃”“云从山间起”“茶人冯建华”“斑马曾春”“锋声雨声”“策划人文子”等热心网友，以及感谢《华商报》《三秦都市报》《西安晚报》，中央人民广播电台等热心传媒的记者们。

希望这份问答资料对志同道合的朋友们有所帮助。

1. 什么样的餐厅适合做“待用快餐”？

只要您提供的餐饮，形式上是“主副食可以完整一份打包外送的”，例如肉夹馍、包子、馒头、面条、盒饭，甚至面包、三明治、汉堡等等都适合。

2. “待用快餐”是不是按正常定价出售？

不应该按正常定价出售，应该低于正常定价。“待用快餐”是认购朋友们的善心，我们不应该从中获利。但是我们还是应该收回合理的成本。所以我建议您以成本价或略低于成本价出售“待用快餐”。我的店里提供的“待用快餐”是店里标准的“台式卤肉饭”套餐，正常定价是16元，但是作为“待用快餐”售价是10元（略低于成本）。

3. 我应该提供多少种“待用快餐”？

我的建议是“一种”。这毕竟是一种救急、援助性质的快餐，主要目的是填饱肚子，所以应该减低操作时的人力、时间等周边成本。如果操作成本太高，这件善行就难以长期持续。

4. 我要不要为了“待用快餐”特别设计一种配餐搭配?

这要视各家的情况而定。以我的快餐形态来说，增加一种特别的品项，势必干扰我正常的烹调与配餐程序。所以我按照正常快餐的分量与质量来做。

如果特别设置一种品项不会对您的烹调、配餐程序造成干扰，您也可以特别设置一种品项。

5. 提供“待用快餐”服务会不会增加我的运营成本?

成本增加的幅度极小，因为这些“待用快餐”的直接成本已经由认购的朋友们负担了。我们所增加的只是一小部分的人力与时间成本，只要控制得好，增加的成本极为有限。以我的店来说，几乎没有增加。

6. 我们如何辨别来领用的人是不是真的需要帮助？

我们不辨别。只要有人提出要求，而我们店里还有“待用快餐”的份额，我们无条件提供，什么都不问。

“待用快餐”的一个基本精神就是“让受助者有尊严地获得帮助”。如果我们盘查取用者的身份、背景、是否真的需要帮助，甚至要看证件，要登记证件号码，其实我们就已经在伤害他们的自尊。

当然，一定会有人利用这种爱心善念来骗取免费的餐饮。但是，为了少数人而伤害需要我们帮助的人，绝非我们的本意。我们相信人性本善，大多数人都是好人，不要因为少数人而影响我们与认购者的善念善行。

但是我们必须在“待用快餐”说明中明确告知这一点，让认购者确切知道我们的具体做法，让赞同的人来认购。

同时我建议在关于“待用快餐”的所有标示、宣传上尽量不要出现任何“救济”“捐助”等用语，我的店里用的是“认购”“取用”等中性用语。

7. 我是不是要为“待用快餐”专设一个窗口或柜台？

这要视情况而定，但我的店里不设。因为中国人骨子里爱面子，专设这样的柜台或窗口，恐怕取用者根本不好意思往那儿站，因此也就得不到帮助。

但是您也要尊重店里的其他顾客，以及他们可能的反应。所以您必须视您店里的实际情况而定。

8. “待用快餐”的领用者是不是在店内用餐？

这要由您来决定，只要不出现双重标准即可。同样，您必须尊重您店里的其他顾客，而且取用者在店里用餐未必自在。但是，如果您允许取用者在店内用餐，那他必须享受与一般顾客相同的待遇。

我的店里基本是打包带走。但是，如果取用者要求，我会为他安排座位，提供与一般顾客一模一样的服务。

9. 我应该在店里保存多少份“待用快餐”份额？

这个问题我目前也没有答案，得进行一段时间之后，您自己判断合适的数量。

10. 如果一直没有人来取用怎么办？

首先我们必须检讨，我们的“待用快餐”的信息是否确实送到了需要的人手上。如果不是，我们必须改善信息传递的工具或途径，以求“让需要的人都知道”。

其次，您可以主动跟您所在地区的居委会联系，请它们提供需要的人的信息，或者是与居委会合作推展。

以上是我对大多数网友提出的问题的回答，是个人的一点思考。作为第一家响应商家，“待用”让我感受到了太多感人的画面。这些画面告诉我，这是一个正确的决定。

通过实践，我对这项公益行动充满了信心。我知道全国现在的响应商家早已过百，我希望可以和大家一起，为这项公益贡献一份力量。同时，我也相信这项公益将会走得更远。

无论是被称为“待用”第一人的高文麒先生，还是贵州、郑州等响应城市，尽管他们在操作的过程中，具体方式不同，但在实践中，他们不仅对“待用快餐”做出了强而有力的推动，而且为我们总结了很多宝贵的经验。

“待用”要想走得更远，必须要有切实可行的操作规范作为指导。各地推行“待用”的经验对我们日后制定“待用”的一系列规范有着十分重要的指导意义。在分享这些经验的同时，我们也看到，一些城市的推行情况并没有想象中的乐观。这就要求我们，必须尽快将这些经验进行总结和融合，为那些处于迷茫中的城市送去有效的“待用手册”。

意　义

SUSPENDED COMMONWEAL

总有一种坚守
无可替代

“富而有爱，贫而有助”，“待用”微行背后那些值得我们思索的民族大义。

5 元素食老板娘正在装饰宣传车

厦门首家“待用快餐”响应商家“素渡禅文化主题餐厅”的员工在厦门站站前广场宣传派送待用快餐

富而有爱，贫而有助

“待用”是一种老百姓和一些组织支付一定钱、物，让另外一批人有尊严地、体面地得到享用；公益爱心人士奉献爱心，让需要帮助的人免费享用的慈善模式。传递的是一种“富而有爱，贫而有助”的理念。它为已经富裕起来的人和相对贫困的人之间架起了一座物质帮助和心灵沟通的桥梁。

过去，我们将慈善定义为一种社会保障的补充；后来，我们又将慈善中所宣扬的救急扶危、助人为乐的精神作为我们社会主义精神文明建设的素材。2013 年 2 月份，在国务院批转发展改革委等部门《关于深化收入分配制度改革的若干意见》中，慈善第一次进入到了收入分配制度改革方面。这就说明慈善在调节收入分配、缩小贫富差距方面发挥着重要的作用。

“待用”是一个涉及范围非常广泛的慈善平台。从最初的“待用快餐”，到“待用饮用水”，到日后我们要大力推动的“待用学费”“待用家政”，会有非常多的人参与认购，也会有更多有需要的人从中认领。这就形成了一个非常庞大的资源再分配体系，可以有效地缩小贫富之间的差距。

贫富差距不仅是经济发展不均衡的表现，这种差距的背后，还存在危害社会稳定的巨大隐患。在解决贫富差距的过程中，我们决不能忽略这个问题。让所有低收入人群脱离贫困，这不是一朝一夕就能实现的。但是，我们要尽可能地让他们感受到温暖，让他们拥有存在感，努力消除不安定隐患。这也就是我所说的“待用”架起的还是一座心灵沟通的桥梁。

在传统的慈善中，尽管我们的慈善家慷慨解囊，甚至是一掷千金，但是，它的惠及效率不高。比如说，某慈善家捐赠了一笔善款，这笔善款怎么用，这是首先要研究的。慈善机构几个负责人用了一天时间开会研究这笔善款的流向，最终决定捐赠给某个学校，作为贫困孩子的学费。这所学校的贫困孩子和孩子家长自然是兴高采烈，拍手庆祝，终于不用发愁孩子的学费问题了。但是旁边学校的孩子和家长就不高兴了，为什么我们的孩子得不到捐赠？事实上，不是不管他们，而是善款暂时就这么多。如果再有善款，就轮到他们了。但是，捐赠还没开始，没有得到捐赠学校的孩子和家长的心里就已经有了一种不公平，甚至是被抛弃的感觉。下一笔善款什么时候有，到那个时候那些贫困家庭的孩子还都坐在教室里吗？是不是已经有一些因为经济原因退学了呢？

“待用”和传统的慈善不同，这是一种集身边人力量去帮助身边人的公益，让慈善做到了最大的及时性。如果那些贫困孩子身边就存在“待用学费”，他们就可以及时有效地得到帮助。在接受到帮助的同时，他们也能感受到身边人对自己的爱，感受到社会的温暖。

学历不高是我国低收入人群的一个普遍特点。针对这种情况，我们一是要制定切实可行的方法，去提高这些人在文化、专业方面的素质，授之以渔。另一方面，我们还要将眼光放长远。在我们身边，还有很多失学儿童。在他们本应该上学的年龄，经济原因剥夺了他们受教育的权利。那么，十几、二十年后，当他们长大成人，比起受过良好教育的同龄人，他们的综合生产能力又决定了他们低收入的生活状态。与其等到问题显现，不如未雨绸缪，让潜在的负能量，转化成为可以推动社会发展的正能量。“待用学费”就是为了让每个人尽一点力，从身边做起，帮助我们身边的失学儿童走进校园。这种手边慈善最大限度上保证了对失学儿童的覆盖，也就最大限度上降低了未来他们加大低收入人口比例的概率。

经济学上有这样一个词，叫作马太效应。它说的是任何个体、群体或地区，在某一个方面获得成功和进步，就会产生一种积累优势，就会有更多的机会取得更大的成功和进步。因此，国家政策也好，社会救助也好，要想让低收入人群彻底走出贫困，最终还是要通过他们的自我增值去实现。

自我增值的方法有很多，例如读一些相关的书籍，参加一些相关的培训。但是对于一些低收入家庭来讲，如果这种额外的开销会影响到他们日常的生计，他们可能就不会选择。2012 年 5 月 27 日，我通过微博邀请了几个农民工朋友吃饭。饭局结束的时候，我将提前买好的一些书籍和光盘赠送给他们。在他们接过这些东西的时候，我可以感受到他们对书籍，对获取知识的那种渴望。他们也坦言，想读书，但是上有老人要赡养，下有孩子要读书。现在的书，价格都不便宜，一本书的价格够他们一家人一天的伙食，因此都舍不得买。

没有多余的钱去让低收入人群进行自我增值，不增值的后果就是收入不但得不到提升，随着年龄的增长，身体素质的下降，反而还可能出现下滑。这就造成一种恶性循环。我们以往听到的都是为偏远山区的孩子赠送图书，丰富孩子们的阅读量，没听说过给我们低收入人群赠送图书的。其实这些人，尤其是他们当中上有父母，下有子女的，更需要知识和技能的更新。所以，我们下一步会推出“待用图书”。我们在给自己买书的时候，多买上一本留给那些想读书又没钱读书的人。尤其是一些专业技能方面的书，可以直接学后应用在工作当中，从而提高弱势群体的工作技能。

虽然我们谈马太效应，感觉到有些不近人情。但是，这种效应是真实存在的。我们一些老人，家庭贫困，生活不能自理。在这种经济状况下，子女们更应该出去工作，寻找更好的发展机会。但是，老人的生活需要人照顾。假如这个家庭有三个子女，原本是三个人出去工作，供养一家四口的生活，现在就变成了两个人出去工作，依旧是供养一家四口人的生活。本来就捉襟见肘的一个家庭，这下更是雪上加霜了。要想改善这家人的收入情况，首先就要将那个在家照看老人的子女解放出来，让他投入到工作中去。现实问题又产生了，都去工作，老人谁来管？自己本身是弱势群体，你总不能让他们花钱雇个保姆吧。这都是我们身边真实存在的问题。

“待用家政”最重要的一个组成部分，就是照顾那些无人照料的老人，让那些有老人需要照顾的低收入家庭没有后顾之忧。这样他们才能全身心地投入到工作当中。只有这样，他们才有机会通过自己的努力逐渐走出贫困。

完善社会保障制度，健全财税政策，加强法制建设，在减小居民贫富差距的道路上，党和国家一直在积极探索，努力完善。慈善，作为社会财富第三次分配的手段，在解决贫富差距的问题上，已经开始发挥起重要的作用。“待用”作为慈善的一个分支，它生活化的定位，灵活的形式，很大程度上促进了人们对慈善的热情。

“待用”的平台正在逐步丰富与完善。既然将其定位为生活化的慈善，就要努力让它覆盖到生活的方方面面。我希望“待用”可以在缩小贫富差距的问题上发挥更大的作用。我更希望我们低收入群体在国家逐渐完善的政策制度下，通过不断提高自己的综合能力，逐渐走出贫困，和全国人民一起奔向小康社会。

绝境中可以有另一种选择

我在公安机关工作了多年，每年都会面对形形色色的案件。作为国家打击犯罪分子，维护社会安定的前线部门，铁腕执法、保护人民，是公安机关神圣的使命。但是，将犯罪扼杀在摇篮中，这才是所有公安人最大的心愿。

翻开那些卷宗，偷窃、抢劫、强奸、杀人，行为无耻，手段残忍，影响极其恶劣。而近年来，越来越多的弱势人群却因为这些罪案，走进了公安机关的视线。

这些罪案让我们触目惊心，但当我们将目光停留在“作案动机”这一栏时，答案有时更会让我们瞠目结舌。

2012 年 5 月，龙虎网有这样一篇新闻，标题为“小伙捡块砖头就砸车玻璃出语雷人‘我要靠犯罪养家吃饭’”。以解决温饱为需要，以获取经济利益为主要目的的犯罪是弱势群体罪案的主要组成部分。在这部分人当中，由农村进入到城市务工人员的比例较大。这些人由于自身文化程度相对较低，很难在城市中找到一份有稳定收入的工作，经常处在待业和被拒绝的状态当中，基本的生存得不到保障。为了吃饭，他们中的一些人走上了偷窃和抢劫的道路。

这种犯罪行为一旦得逞，在没有得到相应的制裁前，往往就会滋生犯罪主体的侥幸心理，再加上这种谋求经济利益的手段比起他们务工赚钱的方法，显得轻松很多，对比的结果往往会让一些初犯的人走上持续犯罪的道路。

这种罪案，作案的直接目的是获取财、物。但是在作案的具体过程中又很容易衍生出新的，情节更为严重的罪案。因为对受害人的选取随机性很强，犯罪分子在实行犯罪行为之前并不了解受害人身上的财、物状况。在作案的过程中，犯罪分子一旦发现自己可以从受害对象身上获取的与他之前预期的收获极不匹配，就容易产生强烈的心理失衡。在这种情况下，加之受害人在惊恐之中可能做出的喊叫或者反抗予以逃脱等行为，犯罪分子容易被激怒，进而实施行为更加恶劣的犯罪行为。例如，在偷窃、抢劫过程中，发生强奸，甚至是杀人的严重罪行。

一碗饭可以让人在绝望中重新燃起希望，一碗饭也可以让一个人的灵魂滑向深渊。有网友评论，说“待用快餐”，一碗饭感动了一座城市。我想，对于那些在生存和犯罪之间徘徊的人来讲，更重要的是，一碗饭也许会重新点亮他们的心灯。犯罪并不该成为绝境中的选择，如果可以有尊严地吃饱，我想谁都不会甘愿放弃自由的人生。

2012 年 7 月，新闻再次报道了 2008 年为养老而故意犯罪入狱的 73 岁老人付达信的故事。老人家因为家庭状况不好，一辈子没能娶亲，也就没有子女。随着年龄一天天大了，能做的事越来越有限了，老人的生计就出现了问题。为了养老，他故意抢劫被捕，被判处有期徒刑两年。

这则新闻让人心酸，付达信不是第一个作出这种选择的人，但是我希望他是最后一个。羁鸟恋旧林，池鱼思故渊。如果不是别无选择，老人家怎么可能愿意割舍自己住了几十年的地方，放弃自由，走进监狱呢？

无子女，或者是子女不尽赡养义务，这让老年人对自己的生活产生了很大的忧虑。现在中国的养老院大多还是需要付费的，很多并无经济来源或者经济收入低的老人根本无力承担那份费用。“待用家政”就是为了给我们的老人提供一个新的依靠。监狱不该是老人家的选择，我们希望我们的社会老有所养，而不是“牢”有所养。老年人应该安享晚年，而不是为了养老走上犯罪的道路。

还有一种常见的弱势群体暴力犯罪，即采用一种强势的对抗去维护自我的尊严。由于自然、生理或者是社会的原因，一些人在社会经济和地位上都处于弱势，因此有着深深的自卑感。这种自卑感的外在表现就是在面对很多不平等待遇的时候，在被人无理取笑的时候，他们往往选择逃避和忍耐。这种情况，一方面强化了强势群体在他们面前那种肆无忌惮的挑衅，另一方面弱势群体也将那种不满、愤怒都积压在了自己的心里。在这种不被社会接纳，屡屡遭受挫折，长期被社会排挤的情况下，弱势群体的自尊心受到了极大的伤害，相应地，就很容易滋生出对立、怨恨、敌视和仇恨的负面情绪。这些负面情绪如果得不到正确的疏导，心里的压力就会越积越多，这也就为报复和发泄提供了强大的驱动力。

由于长期受到排挤，长时间被社会冷落，冷眼看世界就成了他们的最终选择。别人的幸福被他们无限放大，自己的不幸也被他们无限放大，在这两种悬殊的对比之下，心灵受到极大的打击，然后他们将这一切归结为社会的不公平，对社会充满了仇恨。在很多弱势群体暴力犯罪的案例中，作案手段残忍，涉及多个受害人成为部分案件共有的特点。在这些受害人中，有曾经对作案人造成直接伤害的，也有和作案人素不相识的。

这种暴力事件的危害性是非常严重的，尤其是暴力剥夺他人生命。常言道：“杀人偿命”。所以这种暴力犯罪一旦被实施，很容易引发出一种惯性报复事件。犯罪嫌疑人第一次实施犯罪以后，他已经意识到，自己杀了人，那也就同时知道了自己的命运——要偿命。一命换一命，不赔，但是一命换几条命，就赚了，这种错误的想法开始萌生，加上对之前受到的不平等待遇的回忆，积压的仇恨就很容易在一瞬间爆发，直接导致的就是原本是一个需要别人同情与帮助的弱势兄弟，转眼就成了一个穷凶极恶的杀人犯。

法律面前，人人都是平等的。我们不能说因为这些弱势群体在生活中遭受到比我们更多的挫折，他们就有权力去触犯法律。面对着这些走上犯罪道路的弱势群体，不管我们对引发他犯罪的深层原因有多么理解，对他本人有多么同情，他还是一样要接受法律公平的制裁。可是，虽然法律可以让罪犯得到应有的惩罚，却无法弥补那些受害人所受到的伤害。所以，帮助弱势群体，不给那些邪恶念头滋生的土壤，不仅是对弱势群体的一种关怀，也是对我们自身的一种保护。

对弱势群体的犯罪分析，这是一个很大的课题。如何去避免这种不幸事情的发生，才更值得我们研究与反思。

我们不能说发起“待用”行动，就从根源上杜绝了弱势群体犯罪的问题。但是“待用”行动所具备的那种感染力却在很大程度上对减少罪案的发生产生着春风化雨的作用。首先，当我们的生活被“待用”覆盖，我想，没有人会愿意为了满足最基本的生活需要而拿自己的自由去冒险。再有，“待用”的直接意义是帮人之身，但是根源意义却是暖人之心。我们都知道镜子，你放一盆花在它前面，它反映出来的也会是一盆花，你放一堆垃圾在它面前，它也会不打折扣地反馈给你一堆垃圾。人的心，其实也像镜子一样，当它感受到的是爱与关怀，它就会释放出爱与关怀，当它里面满满的都是冷漠，它也会释放冷漠，或者是这种冷漠的衍生品。就像牛顿说力的作用是相互的，爱的作用也是相互的。

人，是一种群居性动物。因为人的存在，才有了这个社会。那么反之，只有被这个社会承认了你的存在，你才会感受到自己的价值。什么是社会承认？就是社会上的其他人还记得你的存在，在意你的存在，这种社会归属感，对于任何一个人来讲，都是一种必需品。但是，对于我们很多弱势群体来讲，却成了一件奢侈品。而我们的“待用”行动，就是要通过这种帮助告诉我们的弱势兄弟，他们在这个社会上并不孤单，他们也从未被这个社会抛弃，他们并不是一个透明体，相反，我们一直都在关注着他们的生存状况。如果我们相信心的颜色可以让一些人拿起屠刀，那么我们也就应该相信，心的颜色也会让这些人去播撒希望。阳光与鲜血，我想没有人不懂得选择，而“待用”带给他们的正是这缕阳光。

全民行动，参与民生

“民生连着民心，民心关系国运。我们党和政府做一切工作的出发点、落脚点都是让人民过上好日子。保障和改善民生是一项长期工作，没有终点站，只有连续不断的新起点。”2013年两会期间，中共中央总书记、国家主席、中央军委主席习近平来到辽宁代表团时，再一次强调民生问题。

“立党为公，执政为民”是我党的执政理念。心为百姓想，万事民为先，这是党和国家对每一个党员和干部的基本要求。改革开放以来，我们国家大力发展经济，出台一系列的政策措施，完善各项法律、法规，无一不是为了改善我国的民生问题。正是党和国家对民生问题的高度关注，切实保障，积极探索，才使得我国生产力高速发展，综合国力大幅度提高。

党的十八大报告指出，加强社会建设，必须以保障和改善民生为重点。要多谋民生之利，多解民生之忧。这一声声对民生的强调，展现了党和国家励精图治，不断改善民生的坚定信念。这一声声强调是一根根纽带，让党和国家与人民紧紧相连，这一声声强调，更是唤起百姓心中那个呐喊的根本来源：“改善民生这个课题，我们百姓也要参与，为国为民，出一点力。”

民生问题，是一个由低到高，逐层递进的内容。首先就是百姓的生存状态。要让我们的百姓能够有尊严地生存下去，饿了要有所食，病了要有所医，孩子要有学上，老人要有所养。为了达到这些目标，党和国家一直坚持“以经济建设为中心”的基本路线，同时，为困难群众提供最低生活保障，设置了养老保险、医疗保险等社会保障制度。这些都在很大程度上解决了百姓的生存问题。当然，在取得这些巨大成绩的同时，我们也从未回避过尚且存在的问题。我国疆域辽阔，人口众多，各地区的自然条件、生态状况、区域文化、民俗习惯等各不相同。不同区域的先天条件决定了经济的洪流不可能在同一时间流遍每一个地方，国家也无法在同一时间为不同地区量体裁衣地制定出符合当地情况的保障制度。但是国家通过各种政策，鼓励各地区的一部分人先富起来。

国家的努力，人民是感受得到的。让老百姓都能有尊严地生存下去，这确实是政府的责任。但是国家兴亡，匹夫有责，这也是我们民族自古以来就有的气节。“待用”的提出刚好给了这种气节一个展现的平台。

解决全国弱势群体的吃饭问题，这是普通百姓力所不能及的。但是，通过“待用快餐”，我们可以让自己身边挨饿的人有饭吃；解决全国失学儿童的上学问题，普通百姓没有这么大的能力。但是，通过“待用学费”，我们可以做到让自己身边的孩子都有学上；解决所有老年人的养老问题，这个对普通百姓来说是不可能达到的目标。但是，通过“待用家政”，我们能做到让我们身边的老人都有人照顾。如果我们每个人都可以从自己做起，从关爱自己身边的弱势群体做起，那么，这一股股力量汇集起来，必将会对全面解决弱势群体的生存问题产生极大的作用和深远的影响。

生存是民生问题中需要解决的基本问题。当一些人不再受到生存问题的困扰时，他们开始将目光投射到追求高品质的生活当中。为了提升大众的消费品质，为居民休闲提供基础的服务，我国加快发展商贸服务业、旅游业、市政公用事业、社区服务业等四大消费性服务业。同时，大力推动文化产业的发展，让人民精神文化生活更加丰富多彩。但是这些并不是国人所向往的高品质生活的全部。

在我通过微博发出“待用”呼吁的时候，就有一位网友通过评论和我讲：“平时看到街上流浪的人，就想买一份快餐给他吃，奉献自己的一点爱心。但是又怕万一吃出问题，承担不起那个责任。现在好了，有了‘待用快餐’，有商家去保障饭菜的质量问题。”这说明什么？这说明在我们很多国人的心中，当自己脱离了贫困，解决了生存问题以后，他的本我思想逐渐向着为他思想转变。他们的爱心开始攒动，他们开始寻找可以承载爱心的平台。民生，关爱人民之身，更要理解人民之心。

正是感受到了这一点，国家鼓励发展慈善事业。在爱心的驱动下，我国的慈善事业迅速发展，取得了很好的成绩。但是在传统的慈善模式中，由于百姓对慈善过程参与度不强，百姓感受不到足够的安全感。我捐了1万元钱，我的钱用到了哪里？哪一家希望小学有我添置的砖瓦，哪一家养老院有我送出的关怀？这些都是他们内心存在的疑问。这种声音长久存在的结果就是慈善事业发展呈现出一种停滞不前甚至是下滑的趋势。慈善，不仅是人们精神上的一种追求，它还是改善民生的重要组成部分，不能让百姓对它渐渐失去信心。

“待用”也是一种慈善模式。与传统慈善相同的是，它也给爱心人士一个释放爱心的平台，满足他们的精神追求。但与传统模式不同的是，这种模式更加生活化。我购买一份“待用快餐”，我知道我的爱心就存在那个店里，我知道我的爱心就是传递给了生活在我周边的某个人。这就让施助百姓不会在情感上产生一种与受助群体的距离感，增加了对这种慈善的信任度。这种手边慈善，它的灵活性强，我现在就想奉献一份自己的爱心，那我就可以去周边的“待用”响应商家参与一次认购。这种灵活的形式，同样吸引了人们去尝试这种慈善模式。

“待用”既满足了人们对奉献的追求，同时，又有助于帮助人们建立对慈善的信任。这也是民生的重要问题。

全面建设小康社会，这一直是我们奋斗的目标。在我们走向经济小康社会的同时，也要走进精神的小康社会。什么是精神的小康社会？过去我们国家物资短缺，人民的物质文化生活水平不高。为了拥有更多的资源，我们努力拼搏。我们说我们正在为了经济上的小康而奋斗。同样，过去我们想的是自己和自己的家人能吃饱，想的是自己的孩子有学上，想的是有能力赡养自己的父母。如果我们每个人都可以将这种爱扩大化，我们想着和我们没有血缘关系的人能吃饱，他们的孩子也能有学上，他们的老人同样有所养，这就是精神的小康社会。经济的小康是我们在物质上更加的丰富，精神的小康是我们在精神层面上所牵系的人更多，我们的胸怀更博大，社会陌生人之间可以相互关心，彼此帮助，整个社会都在爱的空气下。如果说物质的小康是我们渴望得到，那么精神的小康就是我们愿意付出。

经济的小康需要我们奋斗，那么，精神的小康同样也需要我们去建设。人生下来就像一张白纸，然后生活逐渐在这张纸上刻画。有的人的纸上有帮助别人这一笔，他就懂得去帮助别人，在这种帮助中他感受到了助人的快乐。有的人的纸上刚好缺少这一笔，不是他不能去帮助别人，也不是他不愿意去帮助别人，而是因为在他的脑海中根本就没有这种概念。我们要做的就是帮这些人补上这一笔，从而唤起全社会的爱。提升国人的精神境界，这同样是民生的重要课题。

人都生活在一定的环境当中，每个人都会受到环境的影响。要想为这些人补上关爱他人这一笔，首先就要创造一个人人都在关爱他人的环境。让这些人能看到，能感受到，从而慢慢自己也能去做到，在参与的过程中逐渐体会到帮助他人的快乐。从跟着去做，到主观可以去做，最后到渴望去做。

在“待用”陪伴我们的日子里，我们看到每个响应商家手中的认购数据从无到有，认购者的面孔从熟悉的到不熟悉的，又到从没见过的。这些都说明“待用”带来了一种爱的氛围，这种氛围正在影响和感召着越来越多的人。

人们参与“待用”的过程，影响着身边的人，从而让爱心逐渐扩散。“待用”带来的结果更具有这种效果。当你发现乞讨的人越来越少了，然后你知道这些人是因为有了“待用”的帮助，从而结束了乞讨的生活，我想你也一定会为他们感到高兴。你看到了“待用”给生活带来的美好变化，所以你愿意去参与。又或者某一天你在一个陌生的城市，因为种种原因，出现了身无分文又饥饿难耐的情况，你自己受到了“待用”的帮助，那么，我想你也一定会做出回馈。

以点带面，唤起更多人的爱心，帮助我们建设精神的小康社会，这同样是“待用”存在的重要价值。

贫困人口，流浪儿童，无人照料的老人，这是任何一个国家都存在的问题。“待用”这种简单的公益形式，正在帮助我们解决这些问题。让人与人心灵更贴近，让整个社会都充满爱心，这也是每个国家都在追求的目标。

社会管理的这般举措

社会问题的出现从来都不会以人的意志为转移。如何解决社会发展中所出现的矛盾和纠纷，这是一个世界级的课题。尽管每个国家所面对的具体矛盾各不相同，但是对于任何一个国家，如果不能妥善地将这些矛盾化解，会给本国，乃至世界人类造成巨大的伤害和损失。

我们的国家努力谋求发展，归根结底是为了让千千万万的老百姓过上更加幸福的生活。我们不断地对传统管理模式及相应的管理方式进行改造、改进和改革，不断地用发展的眼光去寻求新的社会管理机制和制度，为的都是幸福百姓这一永恒的主题。

社会在进步，这首先要求我们在对社会进行管理的时候，必须做到与时俱进，不断创新。在政府相关部门制定切实、有效的政策和措施的同时，我们还要通过增强百姓的参与感，鼓励和引导百姓投身到社会管理的实践中来。同时，我们要尽可能地将管理的实现形式生活化，让百姓身边的事去教育百姓，让百姓身边的人去感染百姓。

“待用”是一种新型的微公益。它的直接效应是救困扶危，让弱势群体从困扰他们的生活难题中走出来，点燃他们心中的希望，让他们可以以饱满的精神投身到今后的生活当中。解决弱势群体的生活问题，是我们社会管理创新中的重要一页。弱势群体作为我们民族家庭的一员，他们的生活和感受不容忽视。他们幸不幸福既关系着民族的发展，也关系着社会的安定。

解决弱势群体问题，首先是解决弱势群体的生存问题。解决他们在衣、食、住、行方面，在子女教育方面和赡养老人方面遇到的困难。每个弱势群体所面临的现实情况不同，有的尚在温饱线上挣扎，有的渴望精神上的食粮，有的孩子缺少上学的学费，有的身体缺陷需要康复器材。“待用”颠覆了以往那种“被动接收”的受助模式。以往我们的慈善团体也好，民间爱心人士也好，都是将捐赠的钱、物几乎无分别地捐赠给某一区域的弱势群体。例如，捐赠一批大米。那么，受捐赠区域的弱势同胞就统一都领取了大米。“待用”不是这样，“待用”是让爱心人士将弱势同胞所需要的各个方面的帮助统一放在爱心的平台上，然后由弱势同胞根据自己的实际情况去选择领用哪一种。这就能保证资源实现其最大的使用价值。在帮助弱势群体的形式上，“待用”可谓是一种有效的创新。

无论是政府，还是慈善机构，我们都没有停止过关爱弱势群体的脚步。但是，传统的慈善，一般是通过慈善组织将钱、物送到弱势群体的手中。这就更像是一个组织和一群人的爱心对话，距离感强，使爱心物化。“待用”，参与的三方在生活中都是彼此身边的人，距离近，让爱心情感化。物化的爱心，受助者的目光更多在自己接受到的物品上，只有情感化的爱心，才能将这份温暖播种在心中。这在帮助弱势群体的效果上，是另一种有效的创新。

“待用”，在唤起社会大众爱心的同时，还在潜移默化中对社会诚信，社会治安环境、社会道德风尚的建立起到了促进、改善作用。

人若无信，则不可立身，民族若无信，则不可立于世界。加强社会主义诚信建设，是任何一个国家屹立于世界民族之林的先决条件。“待用”向受助者传递的是爱心，向响应商家传递的是信任。有多少次爱心的传递，就有多少次诚信的表达。

罪犯是抓不完的，因为导致罪犯犯罪的因素还在。“待用”虽然不是罪案的终结者，但是起码可以减少“为了吃饭、感受不到社会的温暖”这种犯罪动机下的犯罪行为。

“待用”本身就是一个社会道德的大讲堂，这个讲堂中每天都发生着许多帮助他人，感恩他人的故事，榜样的力量是不容忽视的。

不断加强和创新社会管理，是保障民族发展，社会和谐稳定的重要举措。国家稳定、团结，人民安居乐业，是党和国家努力奋斗的方向。“待用”，以其独特的模式获得了良好的发展，用事实证明了，它不仅是一项新型的慈善事业，更是我们社会管理创新的重要举措。我们要不断地将其完善，不断深入思考，不断对其进行总结和延伸，从中找出更多可以与社会管理创新相契合的地方。让其在更好地完成慈善使命的同时，也能成为社会管理创新中闪亮的一页！

传　承

SUSPENDED COMMONWEAL

你若行动，
便见一抹阳光

从今天起，做一个幸福的人，
学习，工作，参与待用。
从今天起，关心身边的弱势群体，
我有一颗心，幸福满满，洋溢关爱。

陕西富平，“待用公益”志愿者在街头宣传“待用理念”

河南“76 人老烩面”员工听完“待用”理念后情不自禁将“待用桌签”摆成心形

国人“幸福公民”意识正在形成

从明天起，做一个幸福的人。

喂马，劈柴，周游世界。

从明天起，关心粮食和蔬菜。

我有一所房子，面朝大海，春暖花开。

——海子

其实，幸福何必要等到明天呢？

有人叫我“微博控”，我倒还真是很甘愿被这 140 个字的空间俘虏。因为这个空间，就是一个透视外界的窗口。它能让你看到更多的事情，听到更多的声音。也正是因为我看到了，听到了，所以我深切地感受到，给予别人力所能及的帮助，已经成为很多国人对幸福的定义，我称这种意识为“幸福公民”意识。

2012 年 10 月 2 日，很多人知道当天华山发生了游客滞留的事件。有游客在微博上 @ 了我。因为我是微博的大 V，所以这一 @ 就等于是 @ 了很多人。于是，当天晚上，很多人与被困华山的游客一起上演了一部中国版的“西雅图不眠夜”。这些人透过微博，安抚被困同胞的情绪，给他们打气，让他们照顾好身边的老人和孩子。他们以前不认识，以后也许也不会在现实中见面，即便是这样，他们还是放弃在那个假日陪伴家人，他们还是放弃利用假日好好休息。他们就守在微博上，不停地关注着华山那边的疏散情况，不停地通过微博去传递他们对被困人员的关心与鼓励。3日凌晨的时候，华山游客被成功疏散。我想这一消息传递出去以后，一定有很多“熊猫眼”露出了笑脸。

2012年12月10日深夜，一位网友@我，告诉了我一条由网名为“泣血母亲的救赎”发出的微博消息：“今晚是我和宝宝生活在这个世间的最后一晚……”这样一条微博发过来以后，我的粉丝们纷纷坐不住了，大家循着网络找到了那位母亲的微博，劝阻她，安慰她。同时，竭尽全力地将这条消息在网上扩散，希望有人在现实中认识这对悲情母子。没有人知道这对母子究竟是谁，也没有人去判断这条消息是真还是假。一场由网络到现实的救援就这样展开了，两条鲜活的生命终于被一群素未谋面的人救了下来。

微博不知道让我看到了多少这种感人的场景。其实，更让人温暖的是对这些场景背后的思考。如果一个人可以为那些素不相识的人心急如焚，彻夜不眠，那么说明这个人的心是热的；如果一个家庭可以为另一些处在困境中的人担忧，尽自己微薄的力量去帮助这些需要帮助的人，那么说明这个家庭的心是热的；如果很多个家庭都在思考如何为他人奉献一些力量，那么就说明这个民族的心是热的，这个民族的灵魂是充满着阳光，充满着良善的力量的。

我的一双眼睛，又能看到多少呢？所以我相信在我看不到的地方还有着更多温情的画面。从发起“待用”到现在，我们看到“待用快餐”的响应商家如雨后春笋般出现在全国的各个城市。“待用”是一种随手的公益，是一个老百姓帮助老百姓的平台。诚然，它是一种参与性很强的慈善活动。但是，就算是再好的种子，没有肥沃的土地，也长不出喜人的庄稼。国人“幸福公民”的意识就是那片土壤。正因为有了那片土壤，“待用”才得以生根发芽，才有机会在未来开花结果。“待用”给了老百姓一个传递爱的平台，而我们的老百姓也用自己的爱浇灌了它，让它一点点地成才。

中国人说：“赠人玫瑰，手留余香。”美国哈佛大学的一项研究表明，在生活中多去帮助他人，能让自己感到更快乐。无论是东方还是西方，无论是黄皮肤，还是白皮肤、黑皮肤，大家对幸福的诠释都是相同的，给予才是幸福。

有人说我们的社会冷漠，缺乏关爱。其实这种结论完全是建立在以点带面的层面上的。为什么这么说？一棵藤上的瓜尚且参差不齐，更何况是生存环境与生活经历各不相同的人呢？我们怎么可以用个别人的个别行为去诠释整个社会呢？我们怎么能看到天上飘来一片乌云，就说地球上从此告别了阳光呢？我可以很负责任地说，我们的国家很温暖，我们的人民也很友爱。我们和世界上其他国民一样，渴望幸福。不仅如此，我们大部分人对幸福还有了更高的追求。什么是真正的幸福？如果有一个扩散力绝对够大的话筒，当你冲着话筒喊上一句：“中国人，你们觉得什么才叫真正的幸福？”我相信，会有许多中国人异口同声地回答：“用自己的力量去帮助那些需要帮助的人！”

我很自豪自己生活在这样一个充满爱的国度，当然，我也很客观地承认并不是所有的人都具有这种幸福公民的意识。但是，我相信幸福是最具有感染力和传递力的。还没有这种意识的人，我想那是因为他得到的爱不够。就像我们用电脑打字一样，如果我不用键盘对所写内容作出输入，那屏幕上怎么会有输出呢？同样，一个得到的爱尚且不足以温暖自己的人，他又怎么可能去关爱别人呢？

“待用”是一个用爱搭建的平台，走近这个平台，我们可以看见的就是爱、尊重，还有信任。这还是一个平等互助的平台，只要你有爱心，你就可以来，只要你需要帮助，而这个平台上恰好又拥有可以帮助你的资源，那么你就可以拿走。就是通过这样一个简单的模式，这样一个简单的参与方式，我们能将这种社会的温暖向外扩散，让这种温暖去焐热更多的人，启迪更多人心底的善念。

事实上，我们也看到了，短短的时间里，仅仅是“待用快餐”就上演了一幕幕感人的画面。我们可以想象，在不久的将来，当我们有了“待用学费”“待用家政”，当“待用”的种子已经遍地开花的时候，这些温情与感动会是一个怎样的数量。如果我们感觉到自己被这些人、这些事感动了，那么我们也就应该相信这些真实的事件也一定触动了很多没有幸福公民意识的人，它们就像雨露，正逐渐滴进这些人的心。随着雨露越来越多，最终一定会在这些人的心中形成一汪水，而这汪水的名字就叫作幸福公民意识。

种瓜得瓜，种豆得豆。现在我们播种的是爱，那么我们的收获也应该是爱。现在我们一起用幸福公民的意识栽下了“待用”的小树苗，那么将来它长大成才，结出的果实也会是更多的幸福公民意识。来吧，还等什么呢？用你的爱去感动你身边的人，将你幸福的感受与他们分享。以前我们常常讲，要做一个有道德的公民，做一个遵纪守法的公民。但是，现在，我们看到，做到这些还远远不够，我们现在呼唤的是我要做一个幸福的公民。什么是幸福？幸福就是在你的能力范围内，去帮助那些需要帮助的人。

就让幸福从今天开始吧：
从今天起，做一个幸福的人，
学习，工作，参与待用。
从今天起，关心身边的弱势群体，
我有一颗心，幸福满满，洋溢关爱。

从今天起，告诉身边的每一个人，
待用是一个人人都可参与的平台。
只要心中有爱，

就可以在这里演绎慈善的精彩。

让待用快餐温暖流浪者的胃；
让待用学费给孩子一个机会，可以在知识的海洋陶醉；
让待用家政，抚慰年迈的老人，让他们的精神不再憔悴。
我只愿我们的心，幸福满满，洋溢关爱。

感恩夙愿有了一个美好归宿

有人说，“待用”让很多人不自觉地就成了“林黛玉”，我说，那些眼泪是甜的，因为那是幸福的泪。人们总是说“男儿有泪不轻弹”，我说，那是“只因未到动情处”。这每一滴泪，都是一份感激，一份感动，一个美好的故事。现在滴在我心头那滴，是贵州“我爱贵州美食网”的CEO，“待用”贵州志愿者执行团队带头人庞学松，一个地地道道贵州汉子的眼泪。

我忘不了和学松的那次会面，更忘不了和他的那一次长谈。

从贵州到西安，差不多一天一夜的车程。我们在电话里约好了见面的时间。晚上8点46分，从贵州开到西安的火车刚刚进站，晚上10点钟不到的时候，我们已经开始了面对面的交谈。在这之前，我和学松从未见过面，也很少通过网络和手机进行交谈，甚至是见面之前，我唯一知道的就是他叫庞学松，是贵州“待用”行动的志愿者。

学松见到我，激动地和我握手，我感觉到了他的热忱。我们聊了很久，最初是聊一些“待用”在贵州的推行情况。通过学松，我了解到遵义市汇川区的“待用”行动开展得非常好。汇川区委宣传部和文明委对这项公益活动给予了高度的重视和大力的支持。学松慷慨激昂，给我讲述着“待用”在贵州的剪影。面对着他，我完全看不出来这是一个坐了一天一夜火车，下车连口饭都没来得及吃的人。

这次长谈结束的时候，天也差不多快亮了。因为我第二天还有工作，学松很体谅地给这次会面画了一个句号。临分别的时候，我们还是握手再见，这次交流虽然短暂，却让我们有种相逢恨晚的感觉。学松并没有在西安过多地停留，甚至连一个好好尽地主之谊的机会都没有留给我。第二天晚上 5 点多的时候，他给我发了一条信息：“陈老师，我已经在车站，很快就要登上返回贵州的列车了。家妹虽度过了危险期，但父母亲都受到了很大的惊吓，加之贵州这边还有很多工作需要处理，不得不赶回去。很感谢您昨晚牺牲自己的休息时间和我交谈，更感谢的是您发起的‘待用’行动，让我的夙愿有了一个最美的归宿。我会竭尽所能，让‘待用’走进更多人的生活，通过‘待用’帮助更多需要帮助的人。也欢迎您有时间来我们贵州，看看我们贵州，也看看‘待用’给贵州带来的变化。”

学松说的夙愿，是一件跟随了他二十几年的心事。

二十几年前，那时候学松还不满 16 岁，和所有青春期的孩子一样，他这个男孩并不乖。因为上一年的中考失利，他被迫坐在了补习班的教室里。但是，他的人虽然坐在那里，心早就已经不属于课堂了。而当年的春节晚会上，费翔的一首《外面的世界》让这个不安分的少年再也坐不住了。他决定像一只小鸟一样，从贵州飞出去，他要用自己的眼睛去看一看，外面的世界到底有多精彩。

3 月的贵州黔北，春寒料峭，上学路上的泥土里是星星点点的绿。但是这一切的景色在这个少年的心里早就没有了色彩。他要离开，因为他觉得这是外面世界对他的召唤，他必须去赴这个约。一个谎言，他从老师那儿拿回了退给他的 70 元学费。真是初生牛犊不怕虎，他就拿着那仅有的 70 元钱，一路爬火车，坐汽车，最后竟然到了海南。那时候的海南是个什么地方，那里是经济特区。对于他这种连身份证都没有的孩子，是必须被收容，然后遣送回原籍的。他兴致勃勃地来赴约，转眼间就发现这个约会并不像他想象的那么美好。

70 元，这是他离开家乡时，身上的全部财产。一路颠簸，踏上海南的时候已经所剩无几了。在收容遣送站，他将最后剩下的 10 元钱给了一个在他之前被遣送的老乡，希望老乡可以给自己的父母发个电报，请求家里支援。但是那个老乡和那10元钱，从离开他视线的那一刻起就和他再没了交集。遣送站里面的人都在说，被遣送不是免费的，需要15元的过海船票钱，如果没有的话，要被送去农场做工的。现在想想，那可能是一些人有意捏造的谣言，吓唬他们挣开心。但是，在那时候，可真是把这个少年唬住了。逃跑，回贵州，这是当时他唯一可以想到的出路。用他自己的话说，那次的“越狱”很成功。

成功“越狱”以后，他躲在过海轮渡的货箱里，这一躲就躲了两天。多亏了货箱里的椰子，给他提供了那两天的救命水。以至于他现在不管在哪里，只要看到路边有人摆摊卖椰子，方便的话都会买上两个。他说，椰子的味道对他来说是种回忆。他狼狈地逃到了广西的玉林，因为那里有火车，可以带他回到贵州。

坐火车要买票，但是他连吃饭的钱都没有了，哪儿来的钱买票。好心的列车员后来给他免了票。以至于现在，除非一定要坐飞机不可，他都坐火车，他说这也算是给铁路做点贡献。就这样，他终于从外面的世界又逃了回来，贵州，他第一次觉得那里是那么美好。

到达遵义的时候是在深夜，而且那还是一个下着雨的深夜。寒风对他这个几天没好好吃过东西的孩子来说就像一把把刀子一样，每从身边掠过，他都感觉自己像是被划了一刀。火车站旁边有一个小饭馆，现在已经建成了高楼，叫“坪丰酒店”。学松说，尽管现在只要是到了火车站就能看见这个酒店，但是他对这个酒店的记忆深度远不如二十几年前那家小饭馆。

他还清楚地记得当年的小饭馆门口有一炉燃得很旺的炉火，饥寒交迫、瑟瑟发抖的他像看见救命稻草一样，踉跄地走过去取暖。隔着窗，他能看见有人在里面吃着饭，还喝着家乡的白酒。除了用舌头去湿润一下干裂的嘴唇，他别无选择。但是，老板走出来，告诉他，里面的客人让他进去。

只身闯海南的事都做得出来，他还会害怕几个陌生人的召唤吗？他走了进去，那几个人一看也是在外务工的人员。那群人什么都没说，让老板给他煮了一大碗粉汤，还给他倒上了一杯白酒：“小伙子，冻坏了吧，喝口酒，暖身。”学松和我说到这句话的时候，眼睛已经开始湿润了。

那个夜晚之后，学松再没见过那几个务工的人。可是，二十几年过去了，那碗粉汤的温度依旧在他的心头。他说早就融入血液，挥之不去了。

正是因为二十几年前那几个素昧平生的人的帮助，正是因为那碗普普通通的粉汤，学松从此便走上了公益的道路。无偿献血、骨髓捐献、为汶川加油、为灾区筹款、关注留守儿童，这就是他一路走来，在公益道路上留下的足迹。但是他总觉得这些只能叫作力所能及，好人好事，并不是他想要的公益。二十几年前，如果不是那几个人及时地给了他一碗粉汤，谁知道今天还会不会有这样一个庞学松。“我总是觉得公益应该有更好的模式，有更及时的效应。例如，有人需要吃饭，就直接有一碗饭给他吃。就像庄子讲的涸辙之鲋的故事，干涸车辙中的鲫鱼最需要的是一升半斗水，因为只有这种及时的救助，它才不会变成鱼干。”学松这样讲。

“当我在网上看到‘待用快餐’的时候，我的心立刻亮了起来。我觉得我终于找到了我想要的答案。我所寻找的那种效应，正是‘待用’特有的公益效应。”学松激动地和我说，“对别人来讲，‘待用’是一种公益创新，但是对我来讲，它更像是我在多少次呼唤以后邂逅的爱人。我也将与它此生相伴。”我看到了这个男人的眼泪。他不远千里跑到西安，其实目的很简单，就是想告诉我他有着和我一样的心愿，而对他来讲，这也是他一直没有办法实现的夙愿。

后来，学松告诉我，他在火车上的时候，接到老父亲的电话，说妹妹难产，有生命危险。母亲已经急得泣不成声了，父亲让他立刻返回贵州。学松坚定地对他的父亲讲：“爸，你放心，妹妹没事。儿子出门是来做善事，咱们好人一定会有好报。”当学松下火车的时候，父亲告诉他，妹妹已经脱离了危险。

是啊，好人有好报。同样，好人也会感化更多的人成为好人。学松只是“待用”志愿者队伍中的一员。在这个自发形成的队伍里面还有着许许多多的张学松，李学松，王学松。他们的背后也许都有着与学松类似的经历。他们也和学松一样，一直在寻找一个可以更好地报答社会的途径。“待用”的出现，就像是一声呼唤，瞬间就在他们的心中找到了回响，他们也便顺理成章地成了志愿者中的一员。

志愿者，这是“待用”的一道风景线。而铸成这道风景线的是每个人心中的爱心，是每个人想要帮助他人的深情呼唤。带着那份感恩，带着那份期盼，他们笑着走上了推行“待用”的道路。

“我们不是富翁，我们也没有很多的钱，但是很感恩，因为有了‘待用’，我们也能成为公益中的一员。”一位卖水果的大妈这样讲。

“其实可以走到现在，我真的感谢那些好心人的帮助。但是，我一直也没有很高的收入，一直也不知道怎么报答这个社会。就我这一点点钱，我也真是不想给慈善机构添麻烦。现在好了，吃顿饭结账的工夫，我就能献出自己的爱心了。所以，我喜欢‘待用’。”一个超市的收银员这样说。

“谁让你们拍照的嘛，我一老头子，又不好看。我也没做啥，就是赶在学生们放学的时候，拿点讲‘待用’的宣传单，在学校门口发一发，让娃娃们打小就知道得做善良的人。”这是年轻的“待用”志愿者，看到一位老大爷在学校门口发“待用”的宣传单，忍不住给老大爷留了个影以后，老大爷对他们说的话。

我们都是普普通通的人，但是只要我们心中有爱，我们就不再普通。我期待越来越多的人加入到“待用”志愿者的行列，我更期待“待用”在未来带给我们更亮丽的色彩。

史上最难就业季，重新点亮的心灯

2013年7月19日晚，我收到了一封含有附件的邮件。发送人的署名是“刘同学”。这位同学在邮件中写道：“突然给您发送这样一封邮件我感觉很冒昧，因为那是我的日记。但是，尽管感觉到有些不合适，我最终还是把它们加到了附件中。我是一名应届的大学毕业生，我很高兴明天就可以开始自己的第一份工作了。也许您会很疑惑，因为您并不认识我，那么我为何要在自己即将去工作之前给您发一封这样的邮件呢？那是因为我毕业以后，很久都没有找到工作。我的家境不好，我不好意思再问家里要钱，是‘待用快餐’在我最困难的时候帮助了我，不仅帮助了我的胃，更重要的是，那份温暖让我觉得自己必须要努力，这样才能有机会去做出回报。知道您是发起人，所以，在我即将从一个学生过度到职场人士的前夜，我只想和您说一声谢谢。我想，这也是很多接受过待用帮助的人的心里话。我曾是待用的受益者，但在今后，我就是待用的践行者。”

我打开了那封附件：

这个夏天，是我度过的最寒冷的一个夏天。四年，我几乎每天都在期盼自己穿上学士服那天的到来。因为我想当我走出了校园，就可以从父亲手中接过养家的重担。没想到的是，我现在能给他的就是一句句的谎言。离开学校半个多月了，已经记不清自己投递了多少份简历，见过了多少的HR，又有多少次从满怀希望到彻底绝望的蹦极体验。在这种体验中，我终于就要弹尽粮绝。这真是个笑话，这就是父亲眼中那个有出息的儿子，这就是他辛辛苦苦，省吃俭用供出来的老刘家的大学生。中午母亲打来电话，问我工作找得怎么样了。我强颜欢笑地给了她一个美丽的童话，父亲在电话旁边听见以后，抢过话筒，说儿啊，刚毕业啥都要钱，不够花就说话。当时我拿着馒头的另一只手真想狠狠地给自己几个耳光。我说得准备下午的工作了，母亲说别太累，慢慢来，注意身体，这才挂了电话。看着那个馒头和那杯开水，我的眼泪再也控制不住了，如果还是找不到一份工作，这种白水配馒头的日子，也要终结了。

2013 年 7 月 10 日

我猜我的人生肯定不是喜剧，很可能是一部被饿死在街头的惨剧。哈哈，这真是一个笑话，是吧。等我的灵魂飘出去的时候，据说要过一座奈何桥，还能看见那个给我汤喝的老婆婆。不知道她会不会问我是怎么到的那儿。如果她问我，我该怎么回答呢？好吧，就让我骄傲地告诉她："婆婆，我是饿死的。"我不知道她会不会和我说："哦，原来不是没文化可怕，有文化更可怕。"睡觉吧，睡着了就不会想那么多了。

2013 年 7 月 13 日

今天我哭了，千万别以为我是一个不经事的男人，但是我承认我今天确实哭了。虽然我的眼里流出了泪水，但是我的心却从今天停止了流泪。中午的时候，我在街上游荡，我的肚子抗议了一个上午了，我有几次想给家里打电话，但是这种冲动一涌上来，我就有种无地自容的感觉。后来，我在一家餐厅的门口看见一块写着"待用快餐响应商家"的牌子。我心想这个名字起得真有创意，到底是个啥意思。不过我的目光很快就转移了，因为我看到店里面有很多客人在吃饭。我迈不动步了，后来我觉得自己当时的表现和神情一定是极没出息的。但是我想那是人的一种本能反应。我不知道在那儿站了多久，直到我感觉到有个人在我的肩膀上拍了一下。“小伙子，你是不是要吃饭？”“不，还没工作，没钱吃饭。”荒唐吧，我竟然这样毫无羞耻地脱口而出。“没关系，我们店里有‘待用快餐’，不要钱，你进来吃吧。”我一愣，那人拉着我的手就把我拉进了店里。不一会儿，就有服务员给我端来了一份饭菜。尽管我不知道什么是“待用快餐”，但是我真是饿了，管他呢，先吃了再说。我狼吞虎咽地吃了起来，像是对自己这半个月生活的一种发泄。饭菜很快吃完了。当我喂饱了我自己的时候，我才反应过来，天下怎么会有免费的午餐呢。唉，谁让自己没本事，不管什么结局，认了吧。于是，我找到了那个带我进来的人。我问他怎么回报这一餐，这回轮到他愣了。他把我带到了餐馆后面的一个小包间内。“小伙子，你刚才吃的是‘待用快餐’。不用你给钱，也不需要你作任何回报。”他随后给我讲了什么是“待用快餐”。我们聊了一会儿，我也坦白地告诉了他我是一个正在找工作的大学生，家里条件并不好，所以没脸再问家里要钱了。他说每天都可以去那儿吃饭，直到我顺利找到工作为止。我哽咽了，这是我第一次感受到这个夏天的温度。原来在这个城市，有那么多的人在默默帮助着另外一些素不相识的人。我要振作起来，重新给自己做一个定位，尽快找到工作，为了远方父母的期盼，也为了回报那“一饭之恩”，因为这是一顿让我感受到温暖，让我重新点燃心灯的饭。嗯，我想我可以的！

2013 年 7 月 15 日

看了这封邮件，我很庆幸自己是在2013年4月份就发起了“待用”行动，这才给了“待用”一个百天的成长期，这才让这个有心的孩子在他最需要得到帮助的时候得到了关怀。2013年被称为是“史上最难的就业季”。我们很多的大学生毕业以后面临的就是残酷的失业。在这个群体中，就有贫困的大学毕业生。贫困家庭对孩子成功就业的期盼不仅仅是来自望子成龙愿望的实现，还有对缓解家庭经济压力的现实需要。所以这些孩子对就业的心理压力要远远高于那些家庭条件还可以的孩子。没有收入，但是花费却每天都摆在眼前。家庭经济条件差，甚至有的是不能再向家里要支援。吃饭，往往就成了最现实也是最迫切需要解决的问题。我希望“待用快餐”可以帮助这些即将走上工作岗位的孩子，不要让吃饭成为困扰他们，让他们分心的问题，更不要让这种“胃寒”演变成孩子们的“心寒”。困境中的人最最需要的不是对他之前走过的路的反思，而是对他在未来道路行走的鼓励，我希望“待用”，可以在就业季，给孩子们一丝温暖。

尽管目前大学生就业形势并不乐观，但是这种局面绝对是一种暂时的现象。企业与人才双向选择的过程，也是一个双向适应和找到最佳结合点的过程。大学生在寻找工作中遇到一些挫折，我个人认为这并不是一件坏事。只有在挫折中，孩子们才能总结到最真实的经验，才能对自己有一个相对正确的定位。一旦这个总结期过去了，我相信孩子们就会顺利走上工作岗位，完成这个由学生到职场人士的转变。我们不能代替他们去经历，去总结，但是我们可以在这个过程中给予他们一些帮助。

“我曾是待用的受益者，但在今后，我就是待用的践行者。”我觉得这是2013年夏天最好的声音。因为这个声音让我们看到，我们的孩子有着一颗感恩的心。这样一颗心，是会将它所接受到的帮助小心珍藏的。这种珍藏会演变成他前进的一种动力。因为他们明白，只有自己走得更远，才有能力回过头去帮助更多需要帮助的人。这种珍藏更会成为慈善的泉眼，让他们源源不断地奉献出慈善的清泉。这些清泉不仅会流入到那些需要帮助的人的心里，还会洗涤他们周围的人。我们的孩子学习不同的专业，也即将走进不同的行业。“待用”就像是蒲公英，而这些孩子就是带走这颗蒲公英种子的风。当这个孩子在某一个单位停住了脚步，也就将他带走的那颗“待用”种子播种在了那个地方，他一定会影响着周围的人，让更多的人走近这项微公益，加入这项微公益。

所以，不仅是那些贫困的大学生，我同样希望那些家庭条件较好的家庭，当孩子毕业以后，就适当断了家里供应的粮。让孩子去经历一些现实的磨炼。当然，这在“待用快餐”没有落地生根之前，我是不能提出这样的建议的。但是，现在不同了，我们有“待用快餐”，这也就意味着，凡是有“待用快餐”的城市，家长就不需要过多为自己那毕业但却还未就业的孩子的吃饭问题担忧。这样，一方面让孩子体会到生活的艰辛，让他们能更好地理解父母。另一方面，也让他们在进入职场之前，强化这种相互帮助的理念，这对他们将来与人相处绝对有着极其重要的正向作用。而在这些孩子接受到“待用”帮助的同时，我也相信，他们就是一盏盏公益的明灯，一定会将这项公益带到他们所在的每一个角落。

带孩子参与微公益，现身践行道德教育

我在前面记录了一对家长带孩子去“待用快餐”店庆祝生日的故事。六岁的佳佳虽然度过了第一个没有礼物，没有蛋糕，没有大餐的生日，但是她却笑得很开心，因为购买了“待用快餐”，她感觉到是自己帮助了那些没有钱吃饭的老人和小朋友，她很自豪。

虽然我和孩子的家长素未谋面，但是我敢说他们绝对是一对合格的父母，而且是一对非常睿智的父母。因为这个生日，他们给了孩子一份最好的生日礼物。这份礼物永远不会过时，而且越是随着时间的推移，越能展现出它的价值，这份礼物就是一堂现场版的道德教育课。

中国自古就注重教育，相对于对某一领域知识的获得，中国人更关注，或者说认为更重要的是道德的教育。知识对于一个有道德的人来讲，掌握得越多，他能为这个社会做出的贡献也就越多。反之，如果一个存在道德缺陷甚至是道德严重缺席的人，那么知识反而有可能成为他害人害己，阻碍社会发展的利器。我们的老祖宗非常有智慧，他们早早地就认识到了这一点。我们的老祖宗也非常有担当，在他们意识到道德构建才是民族发展基石的同时，也不忘给子孙后代留下一些道德构建的范围和标准。《弟子规》开篇语中这样讲“弟子规，圣贤训。首孝悌，次谨信。泛爱众，而亲仁。有余力，则学文。”孝悌、谨信、爱众、亲仁，这些都是我们应该给孩子灌输的理念。既然我们的老祖宗已经将这些标准留给了我们，那么如果我们没有围绕着这些标准去教育我们的孩子，我认为我们就是有罪的。这种说法也许严重了一些，但是道理却是说得通的。我们没有对祖宗的教诲进行传承，这难道不是一种罪过吗？我们对子女也没有尽到为人父母该尽的教育的责任，这难道不是另一种罪过吗？

“待用”不仅是一个很好的慈善平台，它还是一个很好的教育平台。《弟子规》中所讲的“孝、悌、谨、信、泛爱众、亲仁”，在这个平台上我们都可以看到。

孝 悌

小孩子天真烂漫，因为对这个世界了解得还很少，所以他们总是有着一双好奇的眼睛。每个做了家长的人应该都有体会，每一个孩子都有“十万个为什么”。他们总是会不停地向你问东问西，然后从大人那里得到答案去丰富他们的小脑袋。当他们的眼球看到“待用”，他们一定会问你什么叫“待用”。这就是一个让他们摄取新知识的开始。我们的“待用”并不深奥，很好讲，也很好懂。孩子听得懂，他会很高兴，这也给家长提供了一个赏识教育的教育园地，“宝贝，你真聪明！”我想这是现在很多家长看到自己孩子快速明白一些事情以后的本能反应，就是要不断地鼓励孩子。

孩子听到鼓励，他一定很开心。又刚刚知道了一个新名词，他一定会用眼睛去看，去验证爸爸或者妈妈刚才对他所讲的话。我们以“待用快餐”为例。如果这个孩子看到一个老人领取了一份“待用快餐”，他会不会告诉妈妈？他一定会，因为他刚刚知道了这个事情，还处于一个新鲜感旺盛的时期。这时候家长应该做些什么，聪明的家长一定会抓住这个教育的机会。首先，面对这样一个没钱吃饭的老人，我们的心是酸的，我们会去想这个老人难道没有子女吗？如果有，那他的子女都去了哪里？那都是什么样的儿女，竟然置生养自己的人于不顾。看着眼前的老人，我们会反省自己，自己在孝敬父母的事情上是不是做到了位，自己有多久没去看望自己的父母了。其实最先受到教育的是我们自己。

自我反省以后，就是给孩子现场上课的时间了。我们应该告诉孩子，爸爸或者是妈妈也会有一天像眼前这位白发苍苍的老爷爷或者是老奶奶一样，不能出去赚钱了，自己不能养活自己了。那么，宝贝，小的时候，爸爸妈妈挣钱来养活你，那当爸爸妈妈老了，但是你已经长大可以挣钱的时候，你要怎么做呢？你要不要爸爸妈妈像这个老爷爷或者老奶奶一样没有饭吃呢？即便是孩子回答不出来，我们也要告诉他，孝顺父母是一件必须去做的事。当然，我相信我们现在的孩子反应能力都非常棒，他们一定会认真地告诉你，他们长大以后一定会养活你。这就让孝在孩子幼小的心灵中扎下了根。

遇到领用“待用”的老人家我们可以讲孝道，遇到年轻人我们可以向孩子传输悌，从而让他们从小就树立起兄弟姐妹之间应该相互关心，相互帮助的人生观。当我们在教育自己孩子的时候，实际上也是一个自我省察的过程，我们又是怎样对待自己的兄弟姐妹的呢？他们是不是也正在遭受着困难，很需要得到别人的帮助呢？教学相长，良性传承。

谨

“待用”帮助的是别人，但是最受益的其实是我们自己。在“待用”刚诞生的时候，我就说它的存在是为了帮助那些弱势群体或者是一时间遇到困难的人。这些一时间遇到困难的人，可能之前是个商人，也可能之前是个白领。想到他们，我们难道不该自警吗？在自己的工作和生活中，我们是不是谨慎地对待了每一件事？曾经是否有过因为自己粗心大意而产生的过失，自己有没有从那些过失中总结到什么？如果之前没有，那么现在呢？如果我们自己意识到了为人处世应该认真谨慎，我想我们的孩子也不会错过这节宝贵的课。

信

爱心人士、商家、受助者，这就是我们“待用”的链条。商家作为一个传递的平台，接受爱心人士的认购，提供给受助者使用。目前，我们全国近 300 家“待用快餐”响应商家，每一家接受认购的数量都在千份以上。这说明什么？这说明我们的爱心人士信任我们的商家，相信他们一定会将自己的爱心进行传递。而截至目前，没有发生一起商家收到认购款直接存入到自己账户的事件，更没有发生一起骗吃骗喝的事件。“待用”不仅是一条传递爱心的链条，也是一条传递诚信的链条。当我们感受到这种诚信，更感受到这种诚信带来的美好，难道我们自己不受教育吗？难道我们不会扪心自问，自己今天是否做了不诚信的事吗？看到很多人这样诚信，不诚信就会渐渐失去生长的土壤。然后我们一定会告诉我们的孩子：“宝贝，记住，答应别人的事情一定要做到。”

泛爱众

孩子在家里，我们自然会教育他们要爱自己的家人。等孩子去了学校，老师会告诉他们要爱自己身边的其他小朋友。那么其他人呢？孩子懂不懂得去爱，我们有没有教过他们应该去爱？而“待用”传递给我们的爱是一个博大的概念。我们不仅要爱自己身边的人，还应该去爱其他人。认购者并不知道自己的爱心最终传递给了谁，但他知道的是他的爱心一定是传递到了那一个群体当中。孩子只有从这种爱的教育中，才可能收获到对生命的敬畏。这种敬畏不仅让他更加懂得珍惜自己的生命，还会进一步演变成为他对动植物的爱，对大自然的爱。这就是一种良性的延伸，就像我们，当我们知道了某个标志代表危险品，我们就会自动去与带这种符号的一切东西保持距离。如果我们明白这种排斥的影响力，那么我们就没有理由不去相信“泛爱众”的延伸能力。

亲　仁

在一次“待用”的推广会议上，我讲了这样一个笑话。我说要是哪个女孩子有一天和男朋友走进“待用快餐”店，如果这个男孩子看到别人购买“待用快餐”，自己也能在买单的时候买上一份，那就赶紧嫁了吧。我为什么这样说？因为那个男孩子有爱心，懂得向仁爱的人学习，行为上懂得向那样的人靠近。这样的一个小伙子，他对陌生人都有一份爱，那么他的道德基础绝不会差到哪里去。如果我们看到别人参与“待用”行动，自己也随之奉献一份爱心，我们就做到了“亲仁”，我们就可以借此机会告诉我们身边的孩子，要向这些人看齐，向他们学习。所有的人都喜欢和仁义的人交朋友，与这样的人闯事业。我们教给我们孩子的不是一个现象，而是一个受益终身的理念。

身教重于言传，我们整天磨破嘴皮子告诉孩子你要做一个品德高尚的人，不如我们自己实际做一件品德高尚的事更有效果。与其让孩子被动接受这种教育，不如让他们主动产生这种情愫。

“遗子千金不如遗子一经”，这一经就是要让孩子做一个有道德的人。没有这一经，即便是我们留给孩子一座金山，他们也守护不住，更重要的是他们不会体会到真正的快乐。

每个人心中都有一个伟大的中国梦

中国并不软弱，它只不过是一只睡眠中的狮子。中国一旦被惊醒，世界会为之震动。

——拿破仑

我每次读到这句话，都会感到有一股激流从我的心底流出，让我为之振奋，让我忍不住想要去呐喊。那种民族的自豪感，瞬间就随着血液在我的体内蔓延。我似乎看到了那幅画面，一只雄狮静静地睡在那里，它的慵懒让你感受不到它昔日的霸气。几只不知所谓的苍蝇在它的面前很骄傲地飞着，在它的眉宇间和身体上自大地舞蹈着。这些苍蝇得意到已经忘记了它们所踩踏的是一只狮子，它们甚至还幻想着用它们的力量彻底地征服脚下的这只生物。但是总有人看得清楚，名震世界的拿破仑一世一语中的地阐明了这些苍蝇的命运。雄狮醒来了，它用力抖了抖身上的皮毛，就甩掉了那些自以为是的苍蝇。但是，长久的沉睡让它的体力有了很大消耗，它踉踉跄跄地开始踏上了新一轮的征程，向着另外一幅画走去。那只雄狮在世界范围内，再一次发出了震惊的吼叫，他用这声厚重又不失穿透力的巨吼告诉世界，伟大的中华民族复兴了！

中华民族的伟大复兴是我们所有人共同期盼的民族大梦，这条梦想的河流是由很多滴小梦汇聚而成的，河流的流淌，给了每一个小梦前进的方向，而这千百万个小梦的奋力向前，也是整条河流全速流淌的保障。我的梦也在这条河流当中。

我希望中华民族能真正的强大起来，直起腰杆说话，不受欺侮。

1840年，中英第一次鸦片战争打开了中国的国门，也打碎了中国的“天朝之梦”。从此，中华民族开始了一段屈辱的历史。直到1921年，中国共产党的诞生，才真正让中国人民看到了这个复兴的希望。

中国人民在中国共产党的正确领导下，经过不懈的努力，终于将列强赶出了国土，而改革开放也为我们打开了与世界往来的大门。中国在政治、经济、文化等各个方面都获得了高效的发展。中国在国际上的地位蒸蒸日上。中国前进的步子越来越大，走得也越来越平稳，我们距离真正强大那一天也越来越近。

中国的强大对于整个世界都是一件值得高兴的事情，那是因为我们向来都是一个爱好和平的国度。我们追求发展，只是想让我们的人民拥有更好的生活，让我们的民族可以真正挺直腰杆，不受侮辱，我们只是想为人类的发展做出更大的贡献。

希望我们的老百姓都能享受到改革开放、经济发展的红利，贫富差距缩小，收入分配制度更加完善。

改革开放，为了更好地促进新的经济体制的发展，我国破除了计划经济下平均主义的分配方式，坚持在以按劳分配为主体的基础上，允许和鼓励资本、技术、管理等要素按贡献参与分配，并通过税收、社会保障、转移支付等手段实现再分配的调节。这一分配制度有力地推动了我国经济的发展，让我们看到了国民生产总值不断上升，人民平均收入不断增长的喜悦成果。而这些成果也充分证明了我国的分配制度是与我国的基本国情相适应的。

但是，在我们取得巨大成就的同时，也仍然存在一些亟待解决的问题。我国城乡区域发展还存在很大差距，居民收入分配差距依然较大，隐性收入、非法收入问题比较突出，存在大量的贫困人群。这些问题也在鞭策着我们需要进一步深化我国分配制度的改革，让我们的老百姓都能够享受到改革开放、经济发展的红利。

2013 年 2 月 3 日，国务院发布了批转发改委等部门关于《深化收入分配制度改革若干意见》的通知。通知指出，收入分配制度是经济社会发展中一项带有根本性、基础性的制度安排，是社会主义市场经济体制的重要基石。我国仍处于并将长期处于社会主义初级阶段，当前收入分配领域出现的问题是发展中的矛盾、前进中的问题，必须通过促进发展、深化改革来逐步加以解决。深化收入分配制度改革，要坚持共同发展、共享成果。倡导勤劳致富、支持创业创新、保护合法经营，在不断创造社会财富、增强综合国力的同时，普遍提高人民富裕程度。坚持注重效率、维护公平。初次分配和再分配都要兼顾效率和公平，初次分配要注重效率，创造机会公平的竞争环境，维护劳动收入的主体地位；再分配要更加注重公平，提高公共资源配置效率，缩小收入差距。坚持市场调节、政府调控。充分发挥市场机制在要素配置和价格形成中的基础性作用，更好地发挥政府对收入分配的调控作用，规范收入分配秩序，增加低收入者收入，调节过高收入。坚持积极而为、量力而行。

随着《深化收入分配制度改革若干意见》的具体落实和贯彻，我相信我国的贫富差距会慢慢缩小，老百姓生活会更加富裕，人民会更加幸福。

希望我们有一个安居乐业的生存环境。处理好新农村建设和城镇化的关系，使农民真正富裕起来。解决好发展中的矛盾，创新社会管理，构建和谐社会。

新农村建设和城镇化发展是推进我国现代化战略布局的两个重要组成部分。两者相辅相成，相互促进。一方面，新农村建设可以推动城镇化的进程。发展现代化的社会主义新农村，必然会使富余的农民从土地上转移出来，这些转移出来的农民进入城镇是一种必然性的选择和趋势，这就会促进城镇化的发展。再有，农村蕴含着巨大的消费潜力，农民的消费能力提高了，也会为工业化带来动力。另一方面，城镇化程度越高，对农村产业结构的调整以及带动农业现代化的作用就会越强，可以吸收的农村人口就会越多，越有助于我们实现新农村的建设。李克强总理曾经多次强调，城镇化是未来中国经济增长的动力。发展城镇化是我国经济发展的必然选择。

由于我国是农业大国，我国有8亿的农民，那就意味着即使我们城镇化的速度再快，还是会有很大比例的农民生活在农村。如果不能使我们的农民富裕起来，将会直接影响到国民经济的发展，还易成为社会稳定的隐患。那么，正确处理新农村建设和城镇化的关系，将二者统筹兼顾，妥善解决发展中的各种矛盾，创新社会管理，就成为我们不得不面对的课题。

希望司法更加公正，彰显社会正义。用法制思维和“对话”来替代“对抗”，用“维权”来促进“维稳”。

司法是保障人民权利，维护社会秩序最重要的屏障。其基本功能是借助公共权力对各种法律争端做出最终的权威性的解决。这种最终性体现了一种对公民绝对性质的保护，但是也同时对司法的公正性提出了最高的要求。只有真正做到了司法活动过程和结果中的公平、平等、正当、正义，才能体现出依法治国的目标与意义。

国际法学家哈罗德·伯尔曼曾经说过：“法律必须被信仰，否则它将形同虚设”。而为了保护公民生命、财产安全，维护社会秩序而存在的法律，只有在得到了公正的使用以后，它才会具有权威的震慑力。人们才会真正地去相信它，去服从它。只有当人民充分相信法律可以维护他的合法权益以后，在遇到问题，产生分歧的时候才会想到寻求法律的途径去解决问题，才会避免一些不愉快的“对抗”问题的发生。稳定压倒一切，有稳定才能谈发展。而也只有人民的合法利益得到了公平、公正的对待，这种稳定的局面才会真实而且长久地展现在我们的面前。

希望加强文化教育和道德诚信建设，整体提升中华民族的素质。

随着我国九年义务教育的普及，随着各大高校不断地扩招，我们很欣喜地看到我国国民整体的知识结构呈现出向上发展的趋势。但是，另一方面，我们很多孩子，知道苹果，知道索尼，却说不全中国的四大发明；知道《ELLE》，知道《ViVi》这些世界著名的杂志，却说不出我国四大名著的作者。这是一种对民族文化的缺失。我们在传递知识的同时，有时候却忽视了对我们中华文化的传承。

中国文化，不仅以其博大精深孕育了华夏民族的世代繁衍，生生不息。而且对世界各国都产生了深远的影响。例如，我们都知道日本的和服，觉得很漂亮，事实上是根据我们的汉服仿制而来的，日本的音乐、建筑也都保留了我国汉唐时期的风格；韩国立国育民的思想就是源自我国的儒家思想；还有新加坡，将我国传统中的“忠孝仁爱 礼义廉耻”作为政府必须坚决贯彻执行的“治国之道”。这样一种历史悠久，底蕴深厚的文化不应该、也不可以在它的发源地丧失光彩。鲁迅先生曾经说过：“只有民族的，才是世界的”，也只有民族的，才能走向世界。传承中华文化，不仅是每个中国人的义务，更是责任，是我们精神文明建设中不可缺少的重要部分。

20 多万韩国球迷，在广场彻夜看球狂欢，竟然没有留下一点垃圾。这一幕好像使经常在公共场所看到垃圾的我们感到很惊讶，但是韩国人就实实在在地做到了。韩国没有颁布哪一条法律，说看完了球赛不许有垃圾出现在球场上，球场那一幕也只不过是韩国人日常生活的一个简单的缩影，维系这种影子的并不是法律，而是公民内心的道德约束。近年来，各种网络、电话的诈骗案件出现并呈现出上升的趋势；假证件、假发票、骗保险、虚假广告也屡见不鲜，企业合同违约、企业逃废银行债务、企业与企业之间相互拖欠款项的事情天天都在上演。这些都在阐释着一件事情，那就是需要加强对国民的道德诚信教育。

民族素质的提升需要的是知识层面和道德层面的并行前进，而且道德的建立还应该比知识的罗列更为重要。《弟子规》里面也讲：“有余力，则学文”。加强对民族的文化教育和道德诚信建设，是整体提升中华民族素质的根本途径。

我希望 8 亿农民都能富裕起来。

我从来没有，也不能忘记我们的农民兄弟。这一方面是出于对我工作以及学术研究的需要，另一方面也是源自于我个人那种农民情节。因为我，也是一个普通农民的儿子。

改革开放以来，农民虽然基本都解决了温饱的问题，但是农民致富、盖房、娶亲、孩子上学、养老保险这些问题还是压在他们的身上，让他们觉得抬不起头。另一方面，随着城市居民人数的日益上涨，使得城市可用的土地日益减少。地方政府越来越多的征地和拆迁就紧盯在集体土地上。在集体土地征收、补偿的过程中，拥有强势地位的政府和被征收土地的农民必然会发生利益博弈。如果双方不能找到一个最佳的平衡点，通常情况下，农民的利益会因处于弱势地位而受到损伤。我们要让农民成为城镇化的受益者，而绝对不是接受二次盘剥。

要加强农村的法制建设，防止随意损害农民利益的事情发生。比如要保护农民的土地权益，防止农村的暴力拆迁。要对农民的宅基地和农民的承包地进行确权，要在国家的层面上，保护农民养命的最后这块地方不被侵犯。改革红利要向农民倾斜。在新型城镇化道路上，在土地流转当中，一定要保护农民在土地经营上的最基本权益。此外，对于进城务工的农民工，大家应该给予更多的关心。无论是从情感上，还是生活上，到政策机制上，我们都要去帮助处于弱势的农民，使他们致富，过上小康生活。只有我们的农民兄弟富裕了，才会把我们全面建设小康社会的愿景变成现实。

对这些梦想的追寻，让我找到了“待用”。这种公益形式虽然不能实现我全部的梦想，但却可以推动部分梦想的实现。

最后，我想用《礼记·礼运篇》中的内容对我的中国梦做出总结：大道之行也，天下为公；讲信修睦，选贤与能；鳏寡孤独废疾者皆有所养；使老有所终，壮有所用，幼有所长；是故谋闭而不兴，盗窃乱贼而不作；故外户而不闭，是谓大同！

召 唤

SUSPENDED COMMONWEAL

请更多的人认识我，然后加入我

一年来的感动与温暖，仅仅是个起点。未来，“待用公益”会走得更远。直到某一天，你在街上看到一个朋友，他会微笑着问你：“今天，你待用了吗？”

“待用公益”志愿者总负责人：李映文

“待用公益”贵州区负责人：庞学松

爱心团队初长成

看着这项行动如此朝气蓬勃地生长，我的内心有着难以言表的喜悦和最最诚挚的感激。因为我知道这种朝气的背后，是我们志愿者的辛勤努力，是我们媒体的大力宣传，是我们政府有关部门的全力扶持，是广大爱心人士的积极参与。作为“待用”的发起人，我有责任真实地去转播这场爱心传递的盛况，我更有义务去记录下那些“待用”发展历史性的瞬间。

下面就让大家一起，跟着我走进“待用”的长廊，听我为你们讲述长廊上每一幅画面的故事吧。

通过微博发起“待用”行动以后，我很快就收到了各方网友的反馈。“待用快餐”的第一家响应商家更是在微博发出去的第二天就出现在了西安。这种传播速度让我欣慰，但同时也让我有些担忧。这就像一列时速很高的列车，必须有一个合格的驾驶团队去操作，不然的话，列车就会有偏离轨道的危险。“待用”是一项民间的微公益，这列慈善列车上装载着千千万万人的爱心。这就意味着，它一旦出现脱轨，毁掉的不仅是“待用”，更是大家对公益事业的信心。所以，我要做的第一件事就是给它找一个好的驾驶团队，让这个团队为它的高速运行保驾护航。

必须赶紧组建一支志愿者团队，正当我着手要去做这件事的时候。我收到了一封来自微博的私信，一个叫作李映文的小伙子想要和我见面，他的见面理由就是他想做“待用”的第一个志愿者。

映文后来真的成了“待用”的第一个志愿者，不仅如此，我还让他做了这个团队的总负责人。

我和映文的第一次见面，让我知道了这是一个2012年才毕业的大学生。这个1989年出生的大男孩给我的第一印象就是他有着与年龄并不相符的成熟。满怀激情是这个年龄孩子的共性，但是映文的激情背后却有着一种深深的沉淀。这也是我接受他毛遂自荐，相信他一定可以胜任“志愿者”总负责人工作最重要的理由。

“你为什么要做这个志愿者？”这是我见到映文以后问他的第一个问题。

“我的家在甘肃徽县，我是考学以后才从农村走出来的。为了供我上学，父母真是非常辛苦。我儿时的很多伙伴，初中毕业以后就外出打工了，没办法，家里供不起了。他们出去打工以后很少回家了，有时候过年都不见他们回来。后来我才知道，不是不想回，是考虑到路费的问题。也是那时候我才知道，他们在外面特别难，没上过大学可难找工作了，有时候很久找不到一份工作，就只能饿着肚子。我知道以后心里特别难受。后来，我考上了大学，看着那些伙伴看我时那种羡慕的眼光，我更难受，我总想着自己能为他们这些人做点什么。所以，在大学期间我参加了很多公益组织，去农村做过调查，到农民工子弟学校去支过教。当我看见‘待用快餐’的时候，一下子就想起了他们。我不想我的伙伴还有和他们境况相似的人挨饿。我更不想有小孩子跟他们一样，因为没钱就不能读书。这就是我想做这个志愿者的原因。”

映文在没有经过思考的情况下，非常流畅地回答了我这个问题。在他讲述这个原因的时候，我一直在看着他的眼睛，那双眼睛是那样的真诚，并充满着渴望。这种真诚告诉我，这是一个过过苦日子的孩子心底最真实的声音。这种渴望也告诉我，眼前的这个孩子一定会很用心地去做这个志愿者。

我听他讲完，从座位上站了起来，他见我站起来也赶紧站了起来。我拍了拍他的肩膀，对他说：“小伙子，从现在开始，你就是‘待用’的志愿者了。‘待用’不是我个人的，它是我们大家的，是这个社会的，它欢迎任何一个有爱心的人走进志愿者的队伍。你是这支队伍里的第一位，但是很快，就会有第二位，第三位。”“我可以做这个团队的负责人吗？”我没想到他会突然问到这个问题。“我很欣赏你的信心，但是做负责人既要看信心，也要看行动的。”我笑着对他说。这就是我和映文第一次见面，时间非常短暂，我只是给了他一个肯定的答复，我并没有对他作出任何要求。

2013 年 4 月 14 日，映文告诉我他开通了“@ 待用快餐”的微博，并告知我他想尽快让“待用快餐”有它自己的公益网站。那时候我才知道，他是学计算机专业出身的。紧接着，4 月 16 日，“待用快餐”公益网站上线。这样短的时间，做了这么多的事情，这让我感觉到了映文心中的热情和他的执行能力。于是，在 4 月 20 日的时候，他成为“待用”志愿者团队的总负责人。

有人分析过民间的微公益事业并指出了很多弊端。其中一条就是执行者的弊端。分析者认为，民间微公益的推行是以志愿者为主。这些志愿者中的一部分是发起方进行招募的。由于是爱心活动，发起方一般不会拒绝任何一个人的热情。这也就意味着成为志愿者几乎是零门槛。还有一部分志愿者，是看到某种公益形式后，感觉到可以推行，在发起方毫不知情的情况下，就开始了效仿。发起方对全国志愿者的选拔没有统一的标准，在志愿者出现以后，没有一个统一的管理。很多时候，这些志愿者是各地为政，甚至是各自为政。这一方面使得同一项公益活动，却出现了千姿百态的发展形态，渐渐削弱了公益活动的公信力。另一方面，由于志愿者在整个活动链条中所占比重过大，常常出现在推行的某个环节，一旦遇到志愿者因事缺席，就导致了整个慈善链条断裂的情况。所以有人说中国的民间公益不长寿，这并不是因为我们的模式不好，而是因为我们对一种模式的可持续发展思考得还不够。

“待用”同样是一种民间的微公益，它的模式新颖并不代表它天生就具备很强的抗挫折性。要想使它健康、长久地发展下去，要想使它发挥更大的作用，我们就必须从那些夭折的微公益中吸取教训。“待用”一出现就获得了很好的回响，这种回响是一种激励，更是一声警号。人们对它寄予的希望越大，就越不允许它出现滑坡。越美的希望，如果最终没有实现，它所带来的失落感也就越强。人们对“待用”的关爱告诉我，这项公益活动担负着责任。而我，还有这项活动的所有志愿者，必须担负起让它蓬勃发展的使命。

我们感谢每个人的爱心，但是却不是你有爱心我们就会接纳你成为“待用”的志愿者。这个决定虽然显得有些不近人情，但是，这是必要的，更是必须的。

在接下来的日子里，全国开始掀起“待用”的慈善运动，各个地方在看见网站的志愿者招募信息以后，也都开始了踊跃的报名。我告诉映文，不要急着快，不是志愿者越多，推行的速度和质量就越高。对于那些想要加入志愿者团队的人一定要尽可能全面了解，认真审核。慈善不是心血来潮的冲动，更不是跟风凑热闹。志愿者这个称号不是给别人看的，不是告诉别人你是多么有爱心。志愿者这个称号是给自己听的，它时刻告诉你，你的肩膀上是扛着责任的，你的一言一行都不再仅仅代表你一个人，它代表的是一个团队，一项公益活动。

映文将我的想法贯穿到了具体的招募中。西安、郑州、贵州、南京等各大城市，先后有了志愿者的脚步。在招募到这些区域负责人以后，映文同样将这个团队的招募理念进行了传递。各区域负责人也纷纷开始了在当地的志愿者招募活动。事实证明，这种传递是非常有效的。因为我们看到了，“待用”在这些城市发展得非常好。

在大家的共同努力下，志愿者团队已经有了一个很好的雏形。映文和我说：“我最初真没想到这种有些苛刻的招募竟然也会有人愿意。只是民间的公益活动，没有报酬，却有着严格的管理，这不是给自己的业余时间又找了个领导吗？”我告诉映文，我们能看到的问题，很多爱心人士也早就看到了。每一名志愿者都希望自己所投身的公益事业可以永远充满朝气地发展。一项公益事业如果半途而废，志愿者受到的伤害是最大的。为什么“待用”选拔条件多，而应征的人反而多呢？我想，正是这种我们眼中的“苛刻”给了这些公益爱好者信心。如果说“待用”这种有效的形式吸引了他们的眼球，那么，我们对“待用”这种严格的监管才最终吸引了他们的内心。

看着这支爱心队伍初长成，我的心中真是有说不出的高兴。他们每个人都在用自己的状态告诉我，告诉社会，“待用”这项微公益不仅会永远地走下去，而且会健康、高效地走下去。

中国红飘起来

在爱心团队的宣传推广下，“待用快餐”从线上呼吁进入到全面的线下落实阶段。各地的响应商家接踵而至，爱心媒体竞相报道。一时间，“待用”作为一个新鲜的词语，频繁地出现在了人们的生活中。

这种快速的传播给了我们爱心团队很大的信心，但也给我们提出了一个迫切需要解决的问题。那些通过申请成为响应商家的店面，有的在店门口摆放黑板，写着“本店免费提供‘待用快餐’”，有的则在门口粘贴大字报，有的在窗户上弄上了剪纸字，有的用LED字幕滚动显示。这种多样化的标识不仅让“待用快餐”给人一种不规范的感觉，更重要的是，商家只是向顾客传递了他们提供“待用快餐”的信息，并没有说明白“待用快餐”是什么。尽管我们的爱心媒体每天都在报道，但是还是有相当一部分很少上网、看报纸的人，他们并不知道什么是“待用快餐”。这就导致了很多人前来咨询“待用快餐”，为商家的正常经营带来了麻烦。另一方面，按照我们爱心团队的要求，商家每一天对收到的认购份数和送出的认领份数必须上墙，接受老百姓的监督。绝大多数商家选择了在店内角落安放写字板，记录认购和认领的份数。这就又带来了问题，新的份数写上去以后，旧的就被擦掉了。如果爱心团队进店查看某一时期的推广情况，能看到的就只是当天的数字。没有之前的数字，就没有了对比性，不利于整体的监管。基于这种情况，爱心团队意识到，要马上制作统一的宣传海报和“待用快餐公示贴”。

制作的想法达成共识以后，大家又意识到，无论是海报还是公示贴，“待用”都需要有一个自己的符号。一个饱含深意的logo，会让“待用”具有很好的识别性和同一性。优秀的团队之所以优秀，就因为优秀的团队不仅可以在短时间内对问题的解决方案达成共识，更重要的是，他们会把这种共识在最短的时间内，由想法变为做法。方案既定，立刻行动。一场线上、线下同时启动的logo征集活动拉开了序幕。

我和映文讲，“待用”本身就是一项简单的公益活动，所以这个logo首先的定位就是不可以复杂，要具有普适性，便于制作，便于应用。这是一项爱心传递活动，因此，这个logo必须向人传递一种温暖的概念。这是一项微公益，参与者是所有的老百姓。世界上没有其他任何一项活动，它的参与者可以达到13亿人这么多，所以在这种简单、温暖的基础上，必须彰显出民族的大气、品质和希望。它的颜色必须醒目易识别，在环境中有很强的视觉感。

征集的号角吹响不久，我们就收到了各种创意logo。最后，爱心团队通过分析这些标识的含义，将它们的元素、构思进行整合，经过反复讨论，反复修改，终于有了我们今天所看到的这个logo。

一个圆圈内，一颗红色的心。这就是“待用”的logo。从这颗心的心尖出发，有一个向上的延展，这是告诉人们，“待用”是心灵的呼唤。这颗心是由一双手握成的形状，对于人体而言，心是内在的，手是外在的。这是告诉人们，有内在的呼唤，更要有外在的践行，这才是“待用”。同时，这个标识还有另外一层含义，那双手代表着所有的爱心人士，那个从心尖向上的延展，代表着“待用”。象征着在所有爱心人士的呵护下，“待用”这棵幼苗正在朝气蓬勃地生长。最外层的圆圈象征着我们广阔的土地。这片土地深爱着这里的人，它同样会用它的温暖，它的强大去保护“待用”这棵幼芽。

Logo 有了，下一步就是宣传海报和公示贴的设计。我给团队的建议是：海报的文字不要太长，必须做到言简意赅，将“待用快餐”概念讲清楚，将“待用快餐”所要传递的精神说明白。海报中除了有“待用”的 logo 以外，还要加进去一些中国元素，让人感受到这项公益事业对历史的传承性。另一方面，更要展现出“待用”对未来的牵引感。海报的颜色以白色为底色，这一是和我们 logo 的颜色很搭配，二来，白色的底色配合黑色的字体，会让文字显得更加清晰，从而更好地达到信息传递的目的。

为了在有限的篇幅内，尽量完整、完美地展现“待用”，团队成员可以说是绞尽脑汁。公益道路上的人是从来都不会感觉到孤独的，因为爱会让很多人愿意陪伴他们，帮助他们。团队将这种海报设计的理念打出去以后，就有很多爱心人士为他们出谋划策。首先是中国元素的选取。华夏文明源远流长，中国古文明的符号有很多，在这浩瀚的文化海洋中，选择哪一个符号加在我们的海报中，这确实让团队成员大伤脑筋。

映文后来告诉我：“陈老师，这个海报设计完以后，我们身上都能看见些许历史学者的影子了。我们先是将最有代表性的文化象征选取出来，然后分组回去查阅相关的资料，理清历史渊源，然后再进行网络讨论。每一次讨论都很激烈，大家各抒己见，目的就是将这个前期的选择做到极致。没想到，‘待用’还让我们长了这么多知识。”

经过大家的沟通、讨论，最后选择了天安门城楼和天坛这两个建筑作为海报上的元素。

天安门，是国徽的一部分，选择这个元素是为了让人们铭记历史，回馈当下。硝烟虽已远去，历史却不能忘记。中国人民虽不再被人凌辱，但是弱势群体生活还很苦。我们不需要付出鲜血，更不需要牺牲生命。我们只需要献出一点爱心，用爱去温暖他们，用爱去帮助他们，用爱让他们感受到，生活在这个国度，是一件多么幸福的事。

天坛，是华夏文明的瑰宝之一。有人说天坛将古代哲学、历史、数学、力学、美学、生态学集于一身，是中国人智慧的象征。而现在，天坛已经代表中国，走向了世界，成为世界文化遗产的一部分。选择天坛，是对“待用”明天的美好期望。我们希望“待用”成为中国人爱的象征，我们更希望“待用”可以如天坛那般，代表中国慈善事业，走向世界。

在选择了这两个文明符号之后，大家又在海报中加入了祥云的元素。这朵云不是飘在空中，而是从地面缓缓升起。这一方面是告诉大家，“待用”是一项落地的慈善，它和我们非常亲近。另一方面也是一种告诫，告诉每一个参与者，必须脚踏实地地去做这项事业。同时也是一种美好的愿望，“待用”正像那朵祥云那样，满载着幸福升起。

在海报的上方和下方，还加入了红色的飘带和太阳的元素。太阳永远代表着希望，代表着明天。舞动的飘带代表着“待用”活泼、新颖的模式，也代表着人们参与“待用”快乐、喜庆的心情。

有人和我说：“不就是一张海报吗，何必那么劳神，并不是每个看海报的人都能看出你们这些设计的含义。”我说：“别人能不能完全体会到这张海报的含义，这个我不敢下判断。但是，他们看到我们这张海报，会看得出，我们确实用了心了。宣传‘待用’的内容很重要，但是我想，让大家感受到内容背后那个团队严谨与坚定的态度更重要，推行团队的严谨与坚定，会让大家对这项公益事业更有信心。”

公示贴的设计相对容易了很多，这个主要是提供给响应商家，用于记录每天认购和认领的份数，接受群众监督。另一方面，团队也会对这些公示贴进行不定期的检查，比对每个月的推行情况，便于及时发现问题和解决问题。

为了让响应商家有一个明显的标识，团队还为商家设计了统一的牌匾。同时，还设计了一些桌签，方便客人在等餐的时候阅读。海报上所使用的设计元素同样用在了桌签上。这些元素也将会用在“待用”的其他宣传资料当中，成为“待用”的特色。

“待用”很幸运，因为它遇到了一支非常有能力的团队。任何一件“待用”的宣传品，它的文案真可谓是字字斟酌，句句用心。它在设计元素方面，也都是经过数次思索，数次讨论才有的结果。

除了底色，所有宣传材料中的主体颜色都是红色，中国人喜欢红色，因为红色代表着祥和，就让我们一起，用这中国红，去舞出我们的中国魂！

待用快餐商家项目执行手册

一、提交申请：提交待用快餐商家申请表（附录一），发邮件至：dykcbj@163.com。

二、授牌挂牌：审核通过后，将授予全国统一的“待用快餐响应商家”牌匾。

要求将牌匾悬挂在餐厅入口醒目处。

三、张贴海报：在餐厅里摆桌签，张贴介绍海报和待用公示牌。

四、售卖价格：低于正常出售价，略高于成本价。

五、宣布运营：对外宣布“本商家开始参与待用快餐行动，接受认购和认领”。

1. 可拍一些餐厅照片，发微博宣布本商家即日起开始参与待用快餐行动。

2. 接受爱心人士的认购，做账目记录。记录爱心人士姓名和认购数目在待用快餐 AB 券上。A 券由认购人保留，便于随时将其赠予需要帮助的人，B 券由餐厅留存。

3. 接受认领，并做账目记录。（拍照需要征求认领人的同意）。

（1）对待认领人士的态度要求：不问身份、不质疑动机。从信任每一个受捐人开始，重建“陌生人信任”。

（2）如担心衣衫褴褛的认领者在店内用餐，可能造成对正常经营的影响，可建议其打包带走。

（3）不影响正常生意的认领者，可在餐厅直接享用待用快餐。

六、账目记录：记录爱心人士认购和被认领的待用快餐的账目。

七、公示监督：公开、透明、信任、监督。

1. 微博公示：将当天的账目发微博公示，并 @ 待用快餐，接受大众监督，公开、透明。

2. 待用公示牌：将所有剩余可以待用的快餐数目记录下来，以便需要帮助的人可明确知道。

八、提交数据：提交当天的账目 Excel（附件）给总部，便于统计全国待用快餐的数量。

反馈机制：有任何问题都可通过微博、电话、QQ 与志愿者联系，寻求解答和协助。

让爱的烛光在每一寸土壤闪亮

2014 年 4 月 12 日，在待用公益的官方网站上，我看见一只昂首挺胸的雄鸡，悬挂着一身红色的勋章，正骄傲地望着东方。我用鼠标去触碰那些勋章，便看到一家家响应商家的名字和地址。这一天，待用迎来了它的第一个生日，也是在这一天，“待用响应商家网上搜寻地图”正式上线。待用爱心团队负责人 E-mail 了一张生日贺卡给我，上面写着：“待用，祝你生日快乐！愿我们与你永远相伴，愿你更加茁壮的成长，愿祖国的明天更加璀璨！”我接受了志愿者们的请求，在这张贺卡上郑重地签下了自己的名字，然后按下了转发键。

这一天，我的邮箱、微博、微信等公众平台都异常忙碌。很多人发消息给我祝待用公益生日快乐。但他们当中更多的是对我、对这项公益进行鞭策。有个网友很直白的对我表达了他的想法，他说：“待用公益在这一年中取得的成绩诚然是十分可喜的，但是我更关注的是它的后续。很多公益在进入人们眼帘的时候，看上去都是朝气蓬勃的，但是往往虎头蛇尾，最终淡出人们的视野，这让我很心寒。我希望您能时刻鞭策爱心团队，千万不能因为取得了一定的成绩就沾沾自喜，要更多地思考待用的未来，更用心地去推广和呵护它，让这棵公益之树能够长青。”

我理解这位网友的担忧，更理解这份担忧背后那种对公益深深的期盼。我不敢说待用在未来的发展道路上一定会是一帆风顺的，但是我有信心，我们的团队一定能克服在前行路上的各种困难和挫折。这份信心不仅来自于这支队伍从组建至今那种严格的选拔标准，更来自于社会大众对这项公益事业的支持。

“我是待用快餐的响应商家，在这一年当中，从我的店里领走的待用餐盒有 200 多份。每一次，看到那些无助的人拿起餐盒的那种感动，我都觉得自己的精神得到了一次洗礼。他们当中有长久以来都为生计发愁的人，也有远离家乡，外出打工、一时遇到困难的人。在参与这项公益活动的过程中，我发现我越来越体谅那些离开家，在我店里打工的员工。我和员工的关系越来越融洽，他们在工作中的表现也越来越让我和我的顾客满意。与其说我在通过待用帮助别人，还不如说是这些人在通过待用改变着我。今天是待用诞生一周年，我以全体员工的名义，在自己的店里认购了 100 份待用快餐，我们衷心希望待用可以帮助更多的人！”这是一名响应商家发过来的私信。很明显，待用让他个人更加懂得了理解，也让他的店员们更加明白了感恩。

“今天是待用一岁的生日，在这一年中，通过待用，我想我一定力所能及地帮助了一些人。从最初因为好奇然后认购，到现在，只要是到了待用响应商家的店铺用餐，认购几乎成了我的一种习惯。受我的影响，我的家人，我身边的朋友，也都陆陆续续投身到了这个公益行动当中。我知道我们的力量有限，但是想到还有千千万万和我们一样的人群在做这个事情，这些有限汇集在一起就会是一股无限的力量，我就有了坚持下去的信念。我也相信，坚持的本身就是一种胜利！”这是一位认购者发的邮件。他说的没错，只要大家都坚定地将这项公益事业做下去，在不久的将来，它一定会让我们的生活产生巨大的变化。

“我不知道我应该以一个什么样的身份对待用道一声生日快乐。想起去年端午节过后，我只身来到西安打工，很长一段时间都没有找到合适的工作。到最后山穷水尽，身无分文，甚至想到了去偷、去抢。也许有人说我思想道德败坏，但是不曾真切体会过饥饿的人是无法理解到那种感受的。好在在我理智尚存的情况下，我遇到了待用快餐。靠着每天去吃待用快餐捱到了找到工作那一天。当我的工作和生活稳定下来以后，我第一时间去那家店铺购买了五份待用快餐。想想真是后怕，差一点我就坠入了犯罪的深渊。”看到这封邮件，我也很后怕。写这封邮件的人是幸运的，因为与待用的偶遇，他没有做出让自己和自己家人悔恨的事情。真心祈望，在今后的日子里，待用可以扼杀掉更多这种不理智的念头。

响应商家、认购者、领用者以及我们的爱心媒体，他们都用自己的方法为待用这个宝宝的第一个生日送去了祝福。想想一年前的今天，“待用公益”还只是透过微博发出去的三条呼吁，可是到了今天，雄鸡身上那些密密麻麻的勋章告诉我，待用的羽翼越来越丰满。这一年来各地待用快餐的认购和认领的数据也让我感受到，越来越多的人愿意选择将自己的爱心放在这个羽翼之下，也有越来越多渴望得到帮助的人从这个羽翼下收获到了爱心和温暖。

透过这份数据，我仿佛看见了我们整个民族正在为那个可以帮助缓解贫富差距的慈善平台添砖加瓦；我仿佛看见了一双双正要伸向手铐的手被一份份关怀挡在了半路；我仿佛看见了全民共同行动改变民生的热情在日益高涨；我也仿佛看到这种慈善创新为社会管理带来的巨大影响。

网上有这样一个段子：在美国，某个夜晚，克雷斯汽车“抛锚”了，获得了某男子帮助，克雷斯欲用钱谢他，这位男子说：“这不需要回报，但我要你给我一个承诺，当别人有困难的时候，你也要尽力帮助别人。”于是，在后来的日子里，克雷斯主动帮助了很多人，并且每次都没有忘记转述那句同样的话。

许多年后的一天，克雷斯被突然暴发的洪水困在了一个孤岛上，一位勇敢的少年冒着被洪水吞噬的危险救了他。当他感谢少年的时候，少年竟然也说出了那句克雷斯曾说过无数次的话：“这不需要回报，但我要你给我一个承诺……” 克雷斯的胸中顿时涌起了一股暖暖的激流：“原来，我穿起的这根关于爱的链条，周转了无数的人，最后经过少年还给了我，我一生做的这些好事，全都是为我自己做的！”待用也是一根爱的链条，只有我们把爱传递出去，我们才会在自己最需要的时候收获到爱。

2014 年 4 月 12 日，我和所有爱心人士一起点燃了“待用公益”一周岁的生日蜡烛。明年的这个时候，希望有更多的人在不同的地点和我们一起捧起蜡烛。为了我们的同胞兄弟，让我们一起努力，让这份烛光在每一寸土壤闪亮。

从1家到近300家，这是正能量的速度

夜深了，我站在窗前，路上的行人已经很少了。但是我想，有月光的陪伴，这些街道就不会感觉到孤单。

也是这样一个月光皎洁的夜晚，我通过微博，让“待用”走进了人们的视线。那天，我对自己说：“凡是发自灵魂深处的善念就一定会得到很好的传播”。可是，今天当我仔细进行盘点的时候，我还是被这种传播速度所震撼。仅仅一年的时间，我们就拥有了一支优秀的爱心团队；仅仅一年的时间，我们就设计出了一系列清新、活泼又富有内涵的宣传资料；仅仅一年的时间，“待用”的响应商家就从最初的1家发展到了近300家；还是一年的时间，“待用”就从一个人们之前并不知晓的词语变成了人们的话题、人们的生活习惯和大家所追求的时尚。爱心团队告诉我，不只是那张记录着“待用快餐”响应商家的表格需要每天更新，还有很多其他行业的企业纷纷咨询，他们的产品何时才会走进“待用”的行列。“爱心传递，人人有责”的慈善之风就这样在神州大地上刮了起来。

作为“待用”的发起人，看到“待用”今天的局面，我心中有喜悦，有感激，更有对它未来的期盼。

我当然喜悦，因为我生活在这样一个温情的国度里。我发出“待用”的呼吁以后，收到了数不清的回复。虽然这些回复的人，绝大多数与我素不相识。但是，他们都坚定地支持了我，支持了这项公益事业，并和我一

起对“待用”进行思考。这是一种信任，这种信任源于爱，源于大家渴望拥有一个适合于大家传播爱心的平台。尽管那时候，“待用”还只是三条微博，但是网友们的回复让我感觉到，它一定会有一个美好的未来。

我怎能不喜悦？为了更深入地了解弱势群体，我不知多少次走近他们。可是，在某一个时间点，给一些人些许的帮助，对整个弱势群体来讲无疑是杯水车薪。只有这种无时不在的帮助，他们才能感受到社会的关怀，体会到同胞的爱心。这种帮助如何去实现，很长一段时间，这一直是我脑海中的一个问句。后来，这个问句有了一个不太肯定的回答：“‘待用’可以吗？有人和我一样愿意做这个公益事业吗？”但是现在，大家的反应告诉我，有很多人愿意做这个公益事业。那么我想，我可以将这个回答变为肯定句。

一声号召，如果没有回响，那么即便它的内容再好，余音也会很快地消失。所以，“待用”能有今天的成果，我心中充满了感激。

响应商家是沟通爱心人士和受助者的桥梁。只有这架桥先搭建起来，爱心人士才可以将自己的爱心放在上面，受助者才可以有领取的地方。这是建设“待用”工程的第一步。让我惊喜的是，这个第一步在呼吁发出去的第二天就迈了出去。

自西安“御上文化厨房”成为第一家“待用快餐”响应商家后，响应商家便开始在全国遍地开花。这种响应也从最初的“待用快餐”发展到了“待用饮用水”“待用理发”“待用蛋糕”“待用旅店”等等。感谢这些爱心商家，是他们的积极响应，为“待用”后续的发展奠定了坚实的基础。

世界上没有任何一家银行可以像“待用”这家爱心银行一样，刚刚成立就吸引了大量的储蓄者。响应商家作为这家爱心银行的储蓄窗口，他们的认购数据从破零，到过百，然后由百到千，从千上万，只用了一年的时间。感谢这些爱心人士，感谢他们对“待用”的信任，更感谢他们对公益事业的支持。

闭上眼睛，让意念在我们眼前铺开一张中国全景图。我们可以看到，几百个心形的logo在不同的城市闪耀；各地都陆续张贴起了“待用”的海报。阳光下有一群人，他们热情饱满地向人们讲解什么是“待用”。这就是我们的志愿者。“待用”，让这些对公益有着共同期盼的人走到了一起。这一年来，他们很辛苦，马不停蹄地进行Logo的构思，海报的设计，概念的宣传，商家的选择、管理，没有任何报酬，他们却比拿了工资更卖力。感谢这些爱的天使，感谢他们为“待用”做出的所有努力。

一年前，我们在路上遇到一个人，如果我们问他：“请问您知道‘待用’吗？”他一定会很诧异地看着你。但是现在，如果我们在路上问一个人同样的问题，这个人八成懂得怎样去回答你。也许他们那里还没有响应商家，但是只要他看报纸，或者看电视，或者偶尔上网浏览信息，他就会知道“待用”的含义。这一切都要感谢我们的爱心媒体。媒体的追踪报道不仅让越来越多的人知道了“待用”，也让人们身临其境地感受到了“待用”的成长过程。面对着这一新兴的慈善行动，我们的媒体不仅发挥了其强大的宣传能力，而且充分展示了自身的社会责任。

“待用”自“出生”以来，呈现出了一片欣欣向荣的景象。这一切当然离不开我们政府相关部门的鼓励与支持。2013年4月24日，也就是发出“待用”呼吁的第13天，遵义市汇川区宣传部、区团委、外宣中心、志愿服务中心、教育局、卫监局、工商局、城管局、民政局、各镇街等相关部门共同召开了一次会议。与以往不同的是，这次的政府部门会议，还特别邀请了我们“待用”贵州区域总负责人，而这一次的会议主题正是“待用快餐”。会上，各有关部门对“待用快餐”在本地区的“落户”表示了高度的重视与积极的支持，并最终确定了采取民间公益组织与政府服务机构相合作的模式对这一公益事业进行推动。在政府的大力倡导和支持下，“待用”公益在贵州迅速开展，取得了喜人的成果。

不仅仅是贵州，其他城市的政府部门也都对这项公益活动给予了不同程度的关怀与爱护。这种关怀，不仅推动了“待用”公益事业的高速传播与发展，更让百姓感受到了政府心系人民，全心全意为人民服务的工作作风。同时，有关部门的态度也让老百姓对这项公益事业更具信心。

政府与百姓一起做公益，而不是政府为百姓做公益。这种模式不仅增强了百姓与政府的亲密程度，让百姓实现了自己为国分忧的愿望，同时也告诉了世界，我们的政府，深爱着我们的人民，我们的人民也同样深爱着我们的政府。

三条微博，在社会各界的支持下，就这样在这片土地上发酵。“待用”走过的一年，很感动，很精彩。我期盼它可以让中国的慈善事业更加璀璨夺目。

公益是一种事业。一个人，某一天去做公益，这很简单，某一个月去做公益，这也不难。难的是对公益的坚持。所以，对于“待用”，我依旧还有很多的期盼：

我希望已经成为响应商家的爱心店面，可以将这种响应做到终身制。想想那些认领者的笑脸，想想他们眼中那种对关怀的渴望。我想，做到终身制并不难；我更希望有更多的商家响应“待用”，让爱心店面充满每一个角落。

我希望我们的爱心人士可以将这种慈善的模式转告给身边的亲朋好友，在自己献出爱心的同时，也让更多人知道“待用”的概念。

我希望我们的志愿者可以保持这种饱满的精神状态，用自己的热情与态度，感染更多的人。

我希望我们的爱心媒体可以一如既往地支持这项公益事业，让更多人感受到“待用”发展的点点滴滴。

我希望我们政府的相关部门可以进一步加大对这项公益事业的支持，让这项微公益走得更远，更稳健。

当然，我最希望的就是随着“待用”的进一步推广，我们的弱势群体能得到更多、更全面的帮助。希望同胞的爱可以让他们对自己的未来树立起更大的信心，通过自己的努力与奋斗尽快从那个群体中走出来，希望他们每个人都可以拥有一个美好的未来。

“中国没有人流浪，中国的孩子都有学上，中国的老人都有所养”，这就是未来，我们中国在世界人眼中的形象！因为我们坚信，“待用”会承载着这个美好的梦想，通过爱、信任与尊严的导航，让我们的梦想成真。

一个行人刚好从窗下走过，我笑了，我想打开窗，微笑地问他一句：“今天，你‘待用’了吗？”

附　　录

SUSPENDED COMMONWEAL

附录一

待用快餐商家申请表

城　　市：	
餐厅名称：	
经营范围：	
餐厅地址：	
微博名称：	
联系人姓名：	
电　　话：	
QQ：	
E-mail：	

【提交待用快餐商家申请表（附件）发邮件至：dykcbj@163.com】

附录二

待用公益宣传标识

待用公益 SUSPENDED COMMONWEAL
待用公益 LOGO
SUSPENDED COMMONWEAL
待用公益
待用改变中国！
SUSPENDED COMMONWEAL

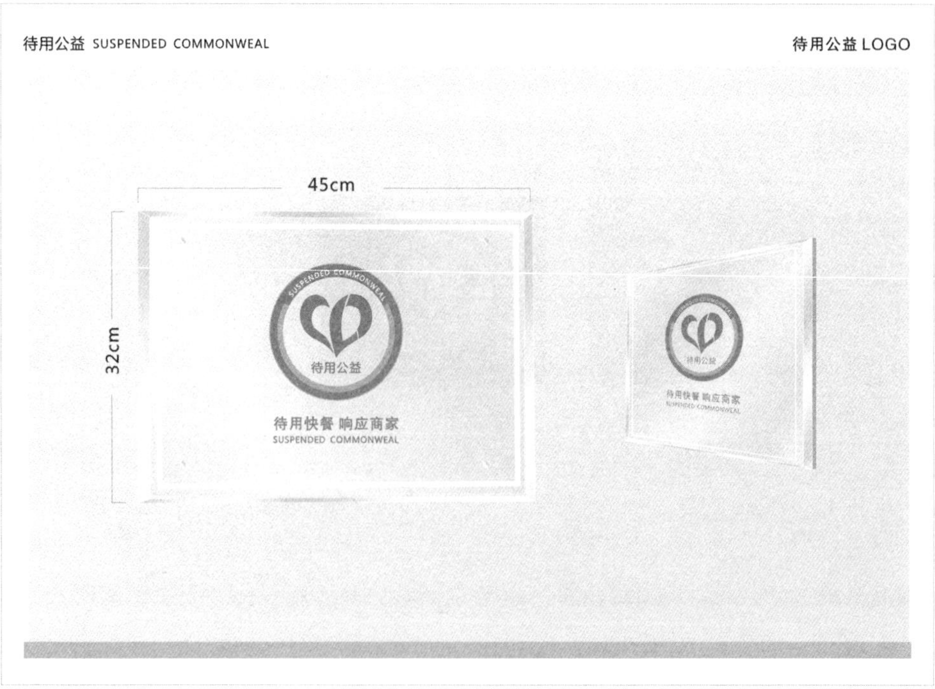
待用公益 SUSPENDED COMMONWEAL
待用公益 LOGO
45cm
32cm
SUSPENDED COMMONWEAL
待用公益
待用快餐 响应商家
SUSPENDED COMMONWEAL

待用公益 SUSPENDED COMMONWEAL

即时贴 Self-adhesive labels

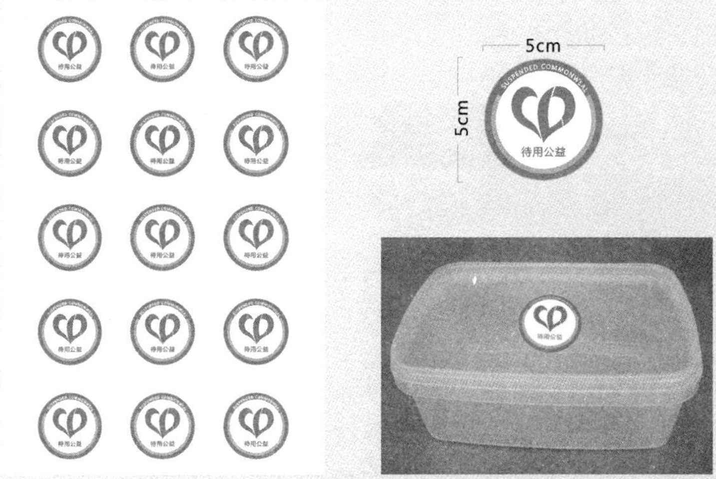

待用公益 SUSPENDED COMMONWEAL

桌卡 Table cards

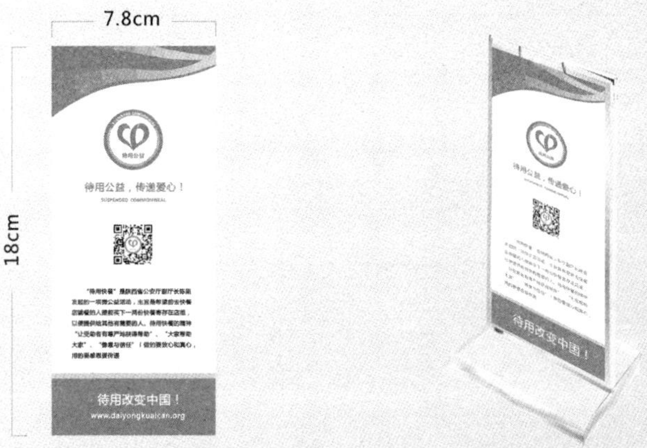

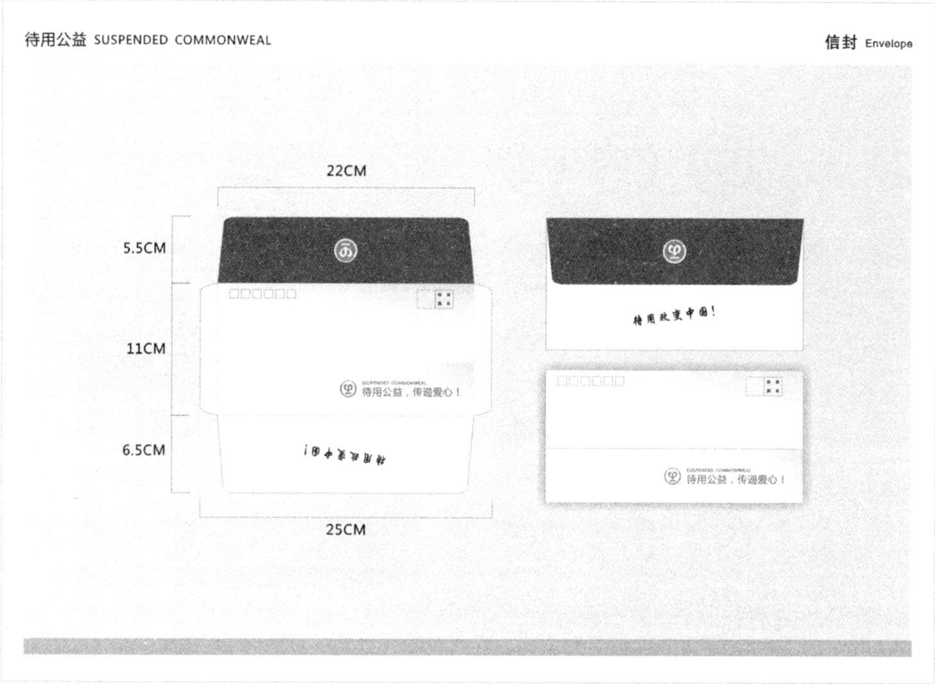
待用公益 SUSPENDED COMMONWEAL
信封 Envelope
22CM
5.5CM
11CM
6.5CM
25CM
待用改变中国！
待用公益，传递爱心！

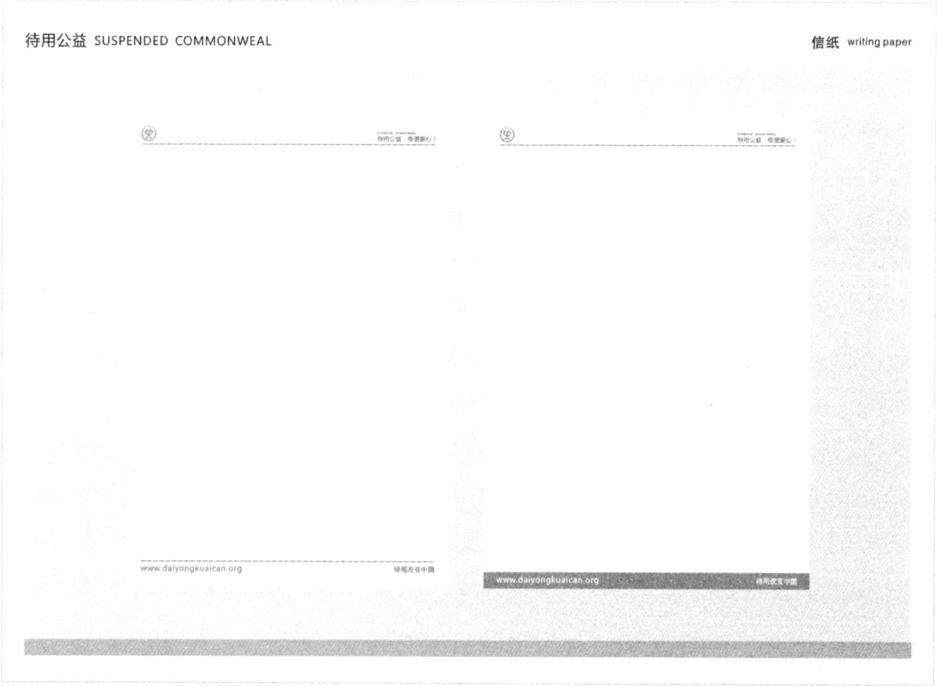
待用公益 SUSPENDED COMMONWEAL
信纸 writing paper
www.daiyongkuaican.org

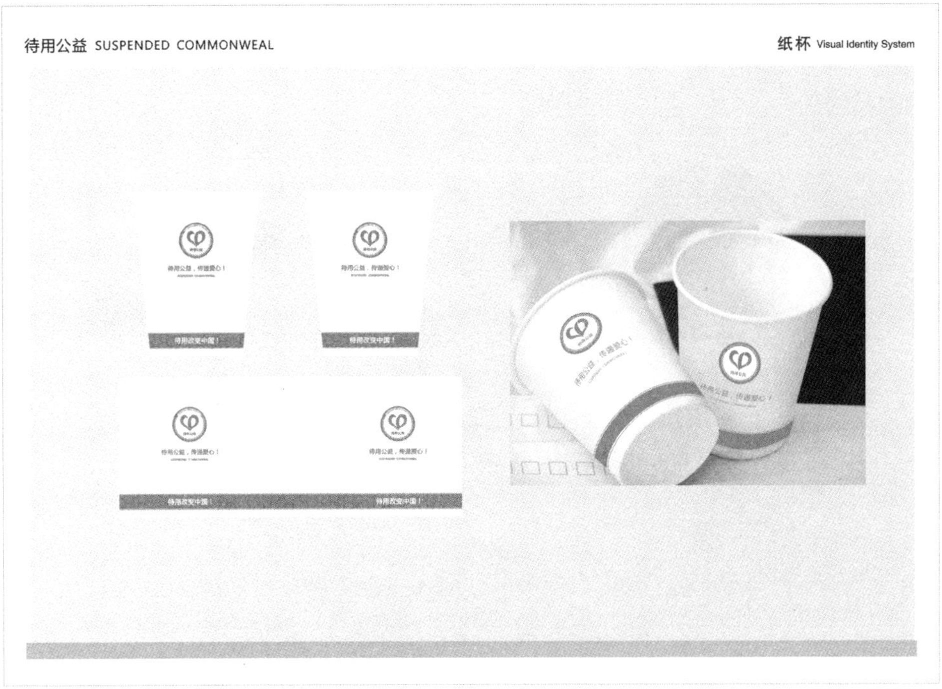
待用公益 SUSPENDED COMMONWEAL
纸杯 Visual Identity System
待用公益，传递爱心！
待用改变中国！

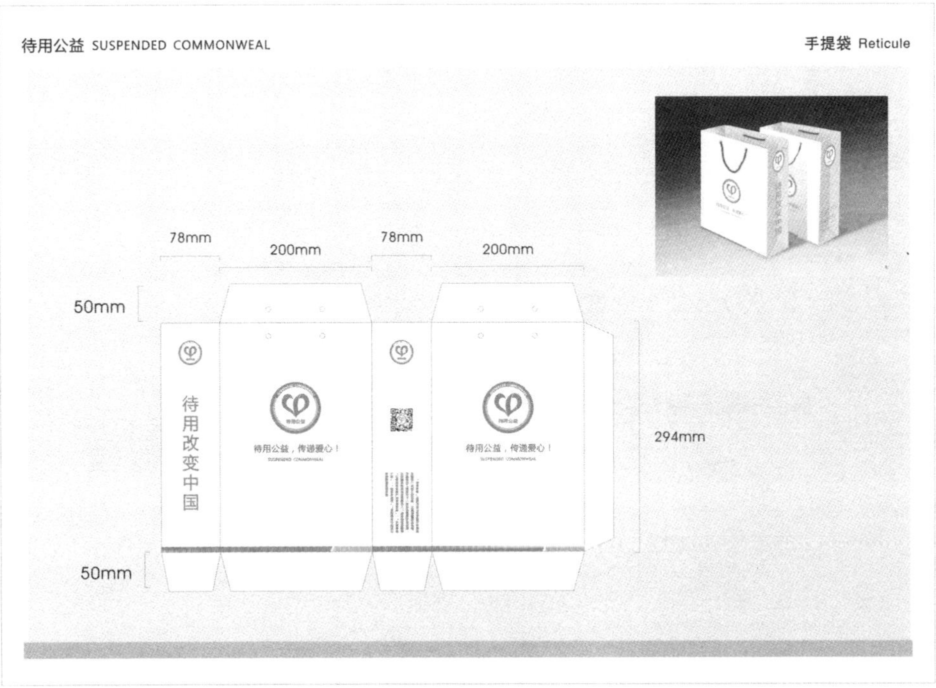
待用公益 SUSPENDED COMMONWEAL
手提袋 Reticule
78mm
200mm
78mm
200mm
50mm
294mm
50mm
待用改变中国
待用公益，传递爱心！

待用公益 SUSPENDED COMMONWEAL

雨伞 Umbrella

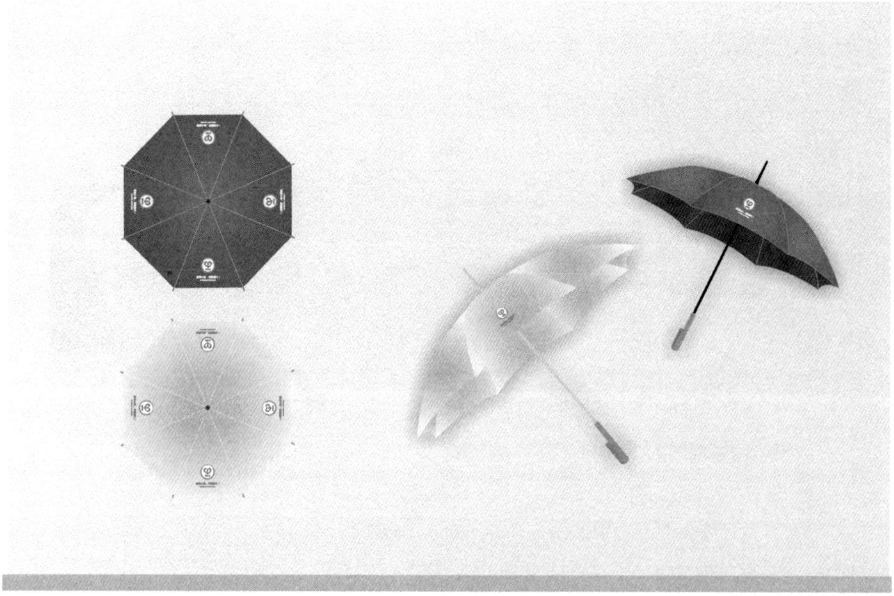

待用公益 SUSPENDED COMMONWEAL

即时贴 Self-adhesive labels

待用公益 SUSPENDED COMMONWEAL

车身贴 Car sticker

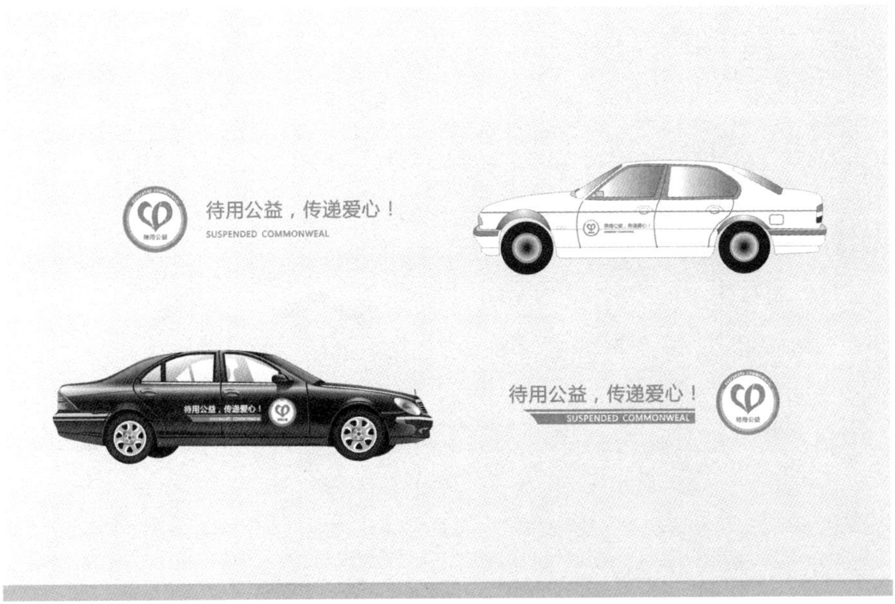

待用公益 SUSPENDED COMMONWEAL

汽车挂饰 Car ornament

待用公益 SUSPENDED COMMONWEAL

旗帜 Colours

待用公益 SUSPENDED COMMONWEAL

文化衫 T-shirt

待用公益 SUSPENDED COMMONWEAL　　　　文化衫 T-shirt

待用公益 SUSPENDED COMMONWEAL　　　　指甲钳 nail clipper

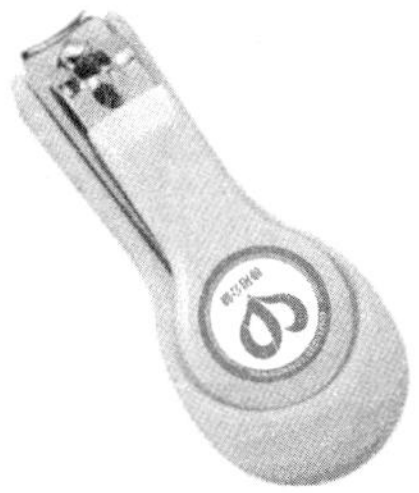

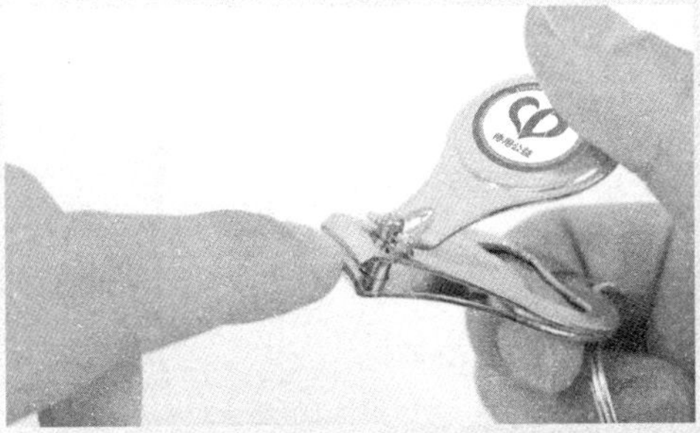

待用公益 SUSPENDED COMMONWEAL

手链 bracelet bracele

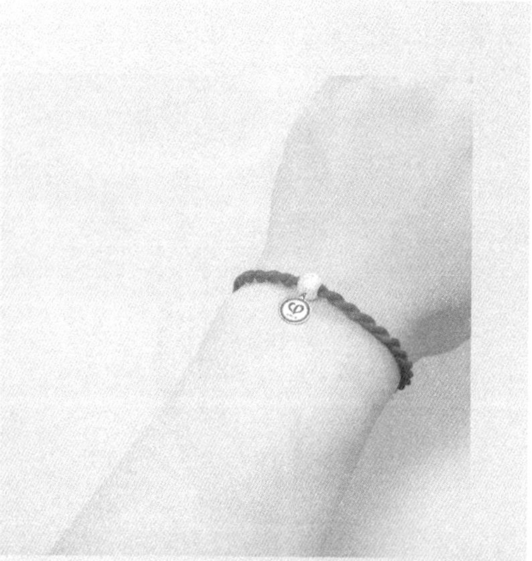

待用公益 SUSPENDED COMMONWEAL

工作证 workcard

待用公益 SUSPENDED COMMONWEAL

公益广告牌 Advertisement

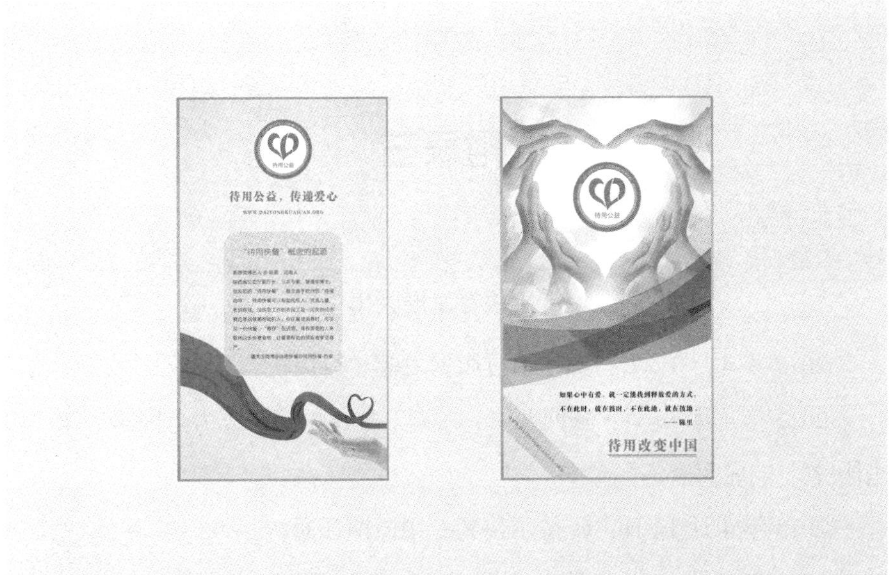

附录三

待用快餐发展大事记

2013 年 4 月 12 日：陈里通过微博发起“待用快餐”的公益行动；

2013 年 4 月 13 日：陕西西安，“御上文化厨房”成为全国第一家“待用快餐”响应商家；

2013 年 4 月 14 日：@待用快餐专用微博开通；

2013 年 4 月 15 日：甘肃兰州，“和尚头面庄”成为甘肃第一家“待用快餐”响应商家；

2013 年 4 月 15 日：云南昆明，“福照楼主”成为云南第一家“待用快餐”响应商家；

2013 年 4 月 15 日：河南洛阳，“四季餐厅”成为河南洛阳第一家“待用快餐”响应商家；

2013 年 4 月 16 日：重庆，“缇雅餐饮”成为重庆第一家“待用快餐”响应商家；

2013 年 4 月 16 日：待用快餐官网上线，公示公布全国参与“待用快餐”的情况；

2013 年 4 月 16 日：江苏苏州，苏州“诚客诚品米线美食餐厅”成为江苏第一家“待用快餐”响应商家；

2013 年 4 月 17 日：杨建国出资 6000 元参与“待用快餐”慈善拍卖，陈里邀请他作为“待用快餐”首席顾问；

2013 年 4 月 17 日：青海，“达日面食馆”成为青海第一家“待用快餐”

响应商家；

2013年4月20日：黑龙江哈尔滨，“宝宇餐饮”成为黑龙江第一家“待用快餐”响应商家；

2013年4月24日：江苏昆山，“池上便当柏庐店”成为昆山第一家“待用快餐”响应商家；

2013年5月4日：贵州遵义，“遵义黔香一品”成为贵州第一家“待用快餐”响应商家；

2013年5月5日：陕西宝鸡，“牛博士精品火锅店”成为宝鸡第一家“待用快餐”响应商家；

2013年5月5日：湖北武汉，“乐乡人家饭馆”成为湖北第一家“待用快餐”响应商家；

2013年5月7日：广东珠海，“陈师傅杂酱面”成为广东第一家“待用快餐”响应商家；

2013年5月8日：“待用快餐郑州”举办企业统一形象标识发布仪式；

2013年5月8日：南京大学学生胡霜辰，利用“创益南京”大赛平台全城普及“待用”理念；

2013年5月9日：郑州魏晓军取消生日聚餐，捐款“待用快餐”；

2013年5月12日：西安电子科技大学通院团委举办“道德你我行——待用快餐微公益”主题宣传活动；

2013年5月12日：河南南阳，南阳首家“老陕西南阳店”举办“待用商家”授牌仪式，有30多名政协委员及人大代表出席仪式；

2013年5月12日：河南鹤壁，“喜相逢生日酒店”在当地参与我们“待用快餐”，成为鹤壁第一家爱心餐厅；

2013年5月13日：河北廊坊，“合家欢妈妈菜”成为河北第一家“待用快餐”响应商家；

2013年5月17日：江苏南京，南京三条巷的一家普通报亭加入了“待用水”活动；

2013年5月22日：河南郑州，“阿利茄汁面”51家直营店全部成为“待用快餐”响应店；

2013年5月23日：河南开封，“开封冒牌火锅菜”成为开封第一家“待用快餐”响应商家；

2013年5月25日：贵州遵义，“香港路新知图书”正式启动“待用书籍”活动；

2013年5月26日：河北衡水，“康城馄饨馆”成为衡水第一家“待用快餐”响应商家；

2013年5月27日：河南郑州举办“待用快餐”郑州经验交流论坛；

2013年5月28日：上海，“利味记快餐”，成为上海第一家“待用快餐”响应商家；

2013年5月31日：“待用快餐”贵州志愿者在“多彩贵州”歌唱大赛汇川区总决赛现场举行了丰富多彩的宣传活动；

2013年6月5日：山东济南，“徐福祥烩面”成为山东第一家“待用快餐”响应商家；

2013年6月9日：安徽合肥，“椒王拉面馆”成为安徽第一家“待用快餐”爱心餐厅；

2013年6月13日：“待用快餐”南京五位志愿者，号召商家加入“待用快餐”“待用水”活动，宣传待用理念；

2013年6月13日：海南海口，“汉江婷韩国料理国贸店”成为海南第一家“待用快餐”响应商家；

2013年6月28日：广东汕头，“净心素食苑”成为汕头第一家“待用快餐”响应商家；

2013年6月30日：山东潍坊，“富华酒村”成为潍坊第一家“待用快餐”响应商家；

2013 年 7 月 4 日：江苏无锡，“无锡城院团委学生会”走出去推广“待用”理念；

2013 年 7 月 18 日：“华东理工大学”，第十三届创业实战赛以“待用快餐”为主题顺利开展；

……

爱心仍在继续，附录未完待续

附录四

媒体看“待用”

陕西公安厅副厅长陈里发起“待用快餐”，将倡导“待用 ××”

4 月 12 日，陕西省公安厅副厅长陈里在其微博上发起“待用快餐”活动，今天，人民网记者电话采访了陈里，他说，将倡导“待用 ××”，比如“待用快餐”“待用咖啡”“待用饮用水”“待用电影票”等，让有需要的人有尊严地享用。

4 月 12 日，陈里的微博称：“在中国一些快餐店，可以为一些残疾人、老年贫困者、流浪儿童，提供一些‘待餐盒饭’，更符合中国国情，也给弱势群体一定尊严。公益人士，爱心市民，大学生可以献一份爱心。最好是一些符合卫生规定的连锁店，并经过有关部门许可，向社会公示，应该是可以的，支持吗？”

发起该活动以来，陈里的微博受到网友的高度关注，很多网友留言表示愿意参与这个活动，支持陈里的倡议，目前已有 3 家西安餐厅和 1 家河南餐厅提供“待用快餐”。

陈里告诉人民网记者，他于前天晚上 11 点在高铁上发了几条微博，当天夜里就引起了热议，昨天早上西安有一家台湾人开的餐厅答应做这个事，当天老板本人就捐出了 5 份爱心餐，同时有 4 个网友响应，去这家餐厅吃饭并买了爱心餐，昨天大概有 10 份，但是一份也没送出去，因为没有人知道这个事情。到目前为止，这家餐厅已经有 28 份爱心餐，有一位老人领走了一份。“深圳和兰州都有人准备做这个事情，估计明天会有更多的人参与。”

“待用快餐”概念源于欧洲的“待用咖啡”，客人多购买一杯咖啡，留给流浪汉等买不起的人饮用。陈里说，目前我国政府的慈善、公益不完善，大量的弱势群体主要是残疾人、流浪儿童、老弱病残，还有没有找到工作的农民工，以及因为意外事件导致缺乏生活能力的人，都需要救助。

陈里说，现在基本上定了一个方向，将倡导“待用 ××”，比如“待用快餐”“待用咖啡”“待用饮用水”“待用电影票”等，就是老百姓自愿多支付一些钱，买一些有用的东西，让有需要的人来领取。这里面“待用快餐”的需求比较大，估计这几天西安的餐馆会扩大到 10 家以上。“我们已经注册了一个微博，叫 @ 待用快餐，将来会有一个权威的发布，目前有一班人正在研究规则，如何让人们自觉地献爱心，也是对孩子的教育，同时让被救助者体面地得到需要的东西。”

做“待用快餐”，商家会亏钱吗？陈里说，商家是不吃亏的，是倡导民众来购买东西，给有需要的人用，不让企业来掏钱。而且这个活动可以减少富人和穷人的差距，以后会把老龄委、民政部门都联系起来，一起参与这个事情。

陈里说，会邀请媒体来监督这个事情，并通过媒体告诉民众都有哪些爱心餐厅，并制作爱心贴，全国统一标识，做成 AB 份，A 份的由捐助者持有，B 份贴在指定位置，有需要的人可以去揭下来到吧台结账，让他也感觉很体面。“这样全国统一，会在全国掀起爱心的行动，民众的参与率也会提高。”

来源：《人民网》2013 年 4 月 14 日 作者：罗旭

陈里倡导“待用 ××”，已有餐厅和电视台积极响应

4 月 12 日在微博上发起“待用快餐”活动后，陕西省公安厅副厅长陈里昨天告诉人民网记者将倡导“待用 ××”。14 日人民网发稿后，河南电视台新农村频道官方微博当晚发布微博称，将于15日送出10张“待用电影票”。

4月14日20时53分，河南电视台9频道发布微博称“明天将送出10张‘待用电影票’，免费邀10名低保市民观看最新大片《忠烈杨家将》。响应陈里先生传递正能量。”并于稍后公布了申请电话：0371–65887159。

记者拨打了该申请电话，河南电视台新农村频道品牌工作室的负责人张磊告诉记者，送“待用电影票”是响应陈里的号召，截至目前，有七八个人打电话申请电影票，多数是《忠烈杨家将》的粉丝，也有一位老太太和老伴多年未看电影，想通过这个机会进电影院观影。“因为‘待用电影票’是公益性质，所以等下午领票时会对申请人进行一定的甄别。”

张磊说，昨天发布微博后，又通过河南电视台新农村频道的飞播字幕对“待用电影票”进行了宣传。“如果今天效果好的话，明天还会送出10张电影票。”

陈里表示，“待用××”传递的是一种参与式支付性的爱心理念。指的是人们在日常生活、工作、学习等最贴近民生的消费活动中，在满足自己需求的同时，随时随地、量力而行再购买若干，为残疾人、流浪儿童、老弱病残、没找到工作的农民工，及一时突然经济窘迫的人，提供爱心性质的救助。其特点，参与者多，形式简单、直接。

据了解，截至目前，已经有西安的3家餐厅和河南的1家餐厅提供“待用快餐”，四川绵阳的网友蒋胜昆的微博称，“我的连锁包子店第一家即将开业，我将此‘待用包子’复制在我以后经营的每一家店。”

来源：《人民网》2013年4月15日 作者：罗旭

“待用公益”正能量受追捧 西安餐饮企业积极响应

7月16日上午，“待用公益”爱心行动倡导座谈会暨“待用公益”爱心商家授牌仪式在西安举行。本次活动的发起人陈里在座谈会上阐述了自己对“待用”一词的理解和期望。陕西省委宣传部副部长龚晓燕出席活动。共青团陕西省委，陕西妇联、残联、民政等部门，陕西爱心商家代表及河南、贵州等省外待用公益活动志愿者参加了此次座谈会。

“待用”模式受肯定

“待用快餐”的概念是由陈里发起的，旨在帮助流浪者、低保户等困难群体。消费者可以在认购食品或其他商品时，通过“寄存”的方式预付款项，等待有需要的人取用这份免费帮助。

作为陕西省公安厅副厅长，很多人认为“待用公益”的发起人陈里应该做的是去抓捕罪犯而不是热衷于公益活动。对此陈里认为，犯罪的根源是饥饿和贫困，用做公益的时间去抓捕罪犯是治标，但让社会形成一种大爱则是对许多犯罪的治本之措。

“在我发出倡议之初受到质疑，认为此项公益活动可能会出现蹭吃蹭喝的情况，但从现状来看，并没有这样的情况出现。这说明社会上善良的人还是多一些，但也反映出‘待用公益’的宣传力度还要再加强，让更多需要帮助的人知道‘待用公益’的存在。”陈里说道。

陕西省委宣传部副部长龚晓燕对“待用公益”表示赞赏，将“待用公益”比作一粒爱心种子，而这粒种子需要整个社会悉心呵护，让它能够顺利发芽，长成参天大树。同时，龚晓燕也告诫新加盟“待用公益”活动的魏家凉皮、御上文化餐厅等授牌餐饮企业，要本着对顾客负责的态度，在食品安全等一系列问题上要高度重视，待用食品应和日常出售的食品在各方面都保持一致。

餐饮企业积极响应

“我认为这项公益活动非常好，我们企业是真心希望能持久地将活动做下去。即使没有顾客来进行‘待用快餐’的预付，我们也愿意对这些需要帮助的人进行捐赠。与此同时，我们也希望建立一个统一的平台，能使这些预付款项、活动细则公开，方便广大民众和媒体的监督”。西安某饮食企业总经理赵强发言。

作为第一家响应“待用快餐”公益活动的某饮食企业经理张莉表示，目前“待用快餐”在本餐厅已经累计到200多份，现在的情况是帮助者多而受助者少，希望这项公益事业能够更为人所知，扩大活动影响力，以帮助更多需要帮助的人。另一位本地餐饮企业代表可炜在座谈会上也积极表示本企业将在今年内启动“待用快餐”项目。

省外志愿者讲述心得

来自河南郑州的志愿者代表张彦青认为，“待用快餐”公益活动与以往的公益活动相比，最大的特点在于体现了信任与尊重。消费者通过预付的形式向商家付款去帮助一个不知何时到来的被帮助者，这需要对商家的信任；而帮助者与被帮助者双方是不见面的，这在一定程度上体现了对弱势群体的最大尊重。

“郑州目前加盟‘待用快餐’的餐饮企业有8家，下辖70多家店面，各大主流媒体都在显著位置刊登了店面的电话和地址，所以很多市民都能方便找到。目前受助者已取用了1000多份快餐，还有1000多份未被取用。”张彦青介绍道。

“待用”模式的深度开发

座谈会上，“最美中国人”马华讲述了自己作为一名弱势群体对“待用快餐”的支持。陕西省残联负责人提出建议，对于行动不便的残疾人餐厅是否应该提供送餐服务，对此建议，各企业代表均表示可行。在活动发起人陈里看来，“待用快餐”仅仅是个开始，他希望用“待用快餐”衍生出更多的“待用公益”活动。

“我希望待用的不仅仅只有快餐，在不久的将来会有更多的‘待用’活动，像‘待用电影票’‘待用图书’‘待用客房’等系列，这将是一个庞大的‘待用公益’。”陈里说。

来源：《人民网》2013年7月17日 作者：雷浩、刘冰

“待用快餐”爱心虽小温暖很实在

一场由微博发起的“待用快餐”公益活动近日得到南京越来越多爱心餐厅的支持，南京科巷一家爱心面馆20天时间已收到51份爱心认购并为12人提供一顿免费餐饭，爱心虽小温暖却很实在。

90后南大学子助力“待用快餐” 将全城普及“待用”理念

“本人是南京大学商学院大二的学生胡霜辰，想利用‘创益南京’大赛平台在南京推广‘待用快餐’的理念，大学生们真的希望得到支持来做好这些公益活动。”今天上午，这条简短而真挚的微博引起了网友的关注，大家纷纷转发评论支持胡霜辰的爱心行动。今天上午记者联系到了胡霜辰，这位90后的大男孩告诉记者他将通过自己的项目与龙虎网一起推广“待用快餐”活动，与团队成员利用暑假时间通过新颖的活动来普及“待用快餐”的理念，让人们来购买，让吃的人感到有尊严，让商家参与进来，让活动能够一直持续下去。

“创益·南京公益实践项目大赛”是南京大学商学院的一个公益活动，大赛面向南京大学本科生与研究生，征集公益创意广告与公益项目书并提供项目经费。“我们之前其实是想做社会调研类的项目，后来接触到了‘创益南京’这个平台就转向了公益实践类的，都是想实实在在做些事情。”胡霜辰说。之前他对“待用咖啡”的概念有所了解，也见过那张国外老人

喝咖啡的图片。昨晚就一直在想做哪些公益会更加新颖，通过搜索发现了“待用快餐”，与团队成员一拍即合，想用“创益南京”大赛推广“待用快餐”的理念。“我们希望凭借大学生的思维，凭借团队的力量，来进一步改进，扎实地做些实事。”

胡霜辰告诉记者现在项目还处于立项阶段，将在6月初确定，暑期具体开展实践。重心就是放在普及“待用快餐”理念上，同时鼓励人们购买。“我们发现这个公益主题很新颖,但在讨论项目细节时也发现了很多问题，比如如何界定领餐者的标准，如何保护享用者的身份信息，所以我们还想把‘待用快餐’的概念做得标准化。”

胡霜辰的微博发出后，“待用快餐”发起人陈里回应道：“需要一批志愿者，把‘待用公益’‘待用快餐’爱心理念告诉给所有人，让民众的涓涓爱心的溪流汇成爱的江河，弘扬正能量，感召每个人，让爱心温暖整个社会。让8000万残疾人，数百万流浪儿童、数千万贫困家庭，特别是读不起书的孩子能读得起书，让这些人不再挨饿，不再受冻，就是我们的心愿！”自龙虎网在南京发起“待用快餐”公益活动后，受到了商家及爱心网友的大力支持，我们希望更多的爱心团体、个人加入我们的爱心行动，让博爱之都南京成为一座爱心之城。

来源：《新华日报》2013年5月10日 作者：余萍

陈里：找到释放爱的方式

网络时代，各路红人像雨后春笋般出现于各种新兴媒体之上。在这些红人之中，拥有上千万“粉丝”的陈里是个十分特殊的角色。他是土生土长的河南人，是老百姓眼中的“大官”，却敢于把自己的个人信息公布网络，接受群众的监督，聆听网络上的各种声音；他的职位是陕西公安厅副厅长，同时也是一个文化人，身为管理学博士、硕导、陕西省法学会副会长的他，非常乐于和公众探讨中国转型中的任何社会问题，尤其是关于民生、三农、社会管理创新的难题。

陈里常说他是个农家的孩子，深刻地明白民间的苦。他说：“现在的中国有8亿农民，3亿农民工，他们不曾拥有充沛的资源，城镇化的进程使他们其中的有些人来到城市，却不能获得有尊严的帮助，这部分人不幸福，有何中国梦可言？”

2013年4月12日晚11时，陈里连续在新浪发出三条微博，呼吁国内快餐店为残疾人、老年贫困者和流动儿童提供一些“待餐盒饭”。这三声“疾呼”很快被台湾人高文麒看到，并在第二天就在自己西安的快餐店里实施了起来。随后，陈里的“待用公益”模式得到更多的企业和民众的响应，目前，有来自15个省的25个城市都已经成为“待用公益”的实施城市。

陈里对公益事业有着让常人难以想象的热忱，带着“富而有爱，贫而有助，传递爱心”的主旨，陈里在信息的世界里掀起一波浪潮，试图让公益更贴近中国现状、更接地气、更有效率。

本期公益第一访谈，《公益时报》记者对话陈里，探讨“待用公益”在中国的现状和明天。

人物档案

管理学博士、硕导，西北大学、西北农林科技大学、西安工程大学兼职教授，陕西省党校客座教授，陕西省法学会副会长，主要关注民生、三农、社会管理创新等话题。2012年5月30日，陈里在其个人实名认证微博上，公布了自己的手机号码，表示“希望大家多支持监督”。2012年10月2日，面对陕西华山在当夜突发游客滞留情况，陈里彻夜不眠，微博直播游客疏散。2012年12月10日，陈里微博上演生死接力，2小时挽救西安轻生母子。这一年，陈里获人民网十大个人微博第一名，当选中华儿女年度人物。在发起“待用公益”模式之前，陈里还曾建议为农民工做十件实事。

《公益时报》：目前中国公益事业的模式愈加多样，你选择以“待用模式”做公益的目的是什么？

陈里：我长期研究三农、社会管理问题，知道农民犯罪的原因是什么。这里不仅仅有贫穷的原因，还有这个社会并未给他们基本的尊重。选择“待用公益”，是为了最大程度上唤醒沉淀在人们心中太久的爱心，让需要帮助的人们接受有尊严的救助，“待用公益”就是这样一种公益模式。

其实我们这个社会的人民并不缺乏浓郁的爱心，但一直苦于找不到合适的释放爱心的渠道。你知道，爱心憋得太久是会生病的，人会生病，大家庭也一样，社会倚靠合理有效的爱心释放途径来保持良性运转，富起来的人和贫穷的人在这个理念驱使下找到手拉手、心连心的平台，这也是教育孩子的好方式。

《公益时报》：我们知道在国外有一种“待用咖啡”模式，那么以你的理解，我们中国的“待用公益”文化跟国外的有什么不同？

陈里：“待用咖啡”是指在咖啡馆消费的人提前多买一两杯“寄存”在店里，一旦有囊中羞涩的贫困者询问店家是否有“待用咖啡”时，侍者就可以让其享用此前人们已付过钱的“待用咖啡”。然而，在中国，咖啡并非是老百姓的必需品，那些在街头流浪为生的人能够喝上一杯白水，吃上几个包子，似乎是比喝上咖啡更重要、更贴近真实的社会需求。因此，待用模式在中国的“本土化”就显得势在必行。“待用快餐”“待用学费”“待用抚赡”，是“待用公益”未来发展非常重要的几部分。

而“待用电影票”“待用旅游门票”“待用饮料”“待用爱心书包”“待用随行车位”等都是“待用公益”的体现。我认为所谓“待用公益”，这是一份有尊严的等待，并让这份等待有所实用。“待用公益”应成为一种模式，而非聚焦某种特定商品。你看以往许多超市准备许多雨伞，使用者拿走一去不复返。而现在 90% 的公共卫生间和大饭店，尴尬得连卫生纸都没有，这些都是中国“待用公益”应该捕捉的点。

其次我认为，中国式“待用公益”必须是个特别尊重人尊严的公益模式，这个是“铁律”。就现实而言，基于我国的实际情况，“待用公益”在我国的实际操作过程中，的确会遇到一些难题，譬如说街头流浪者和低收入者或许因为警戒心而拒绝你的好意。但我想，这些问题都只是暂时的，形成规模、打开知名度后，很多问题都会迎刃而解。我们也可以想一些现实的方法，比如说可以给这些街头流浪者一些领取凭证，直接到餐厅领取，避免尴尬，施助人在购买“待用物品”的时候，不要和救助人见面，不要产生直接接触，还可以在餐厅另设房间。这些都可以规避“待用公益”施行中可能遇见的尴尬。

《公益时报》：每一种新生事物，在发展之初，几乎都会受到不理解甚至打击，“待用公益”同样不能逃脱这样的宿命，那么面对这些质疑，你内心深处的真正想法是什么？

陈里：我们现在的社会，说的人往往理直气壮，做的时候往往不见其人。我希望在公益事业上，大家少指责、多参与。因为社会上需要做的事越来越多，行动永远胜于话语。其实，根据我的实际经验，我有“两个没想到”。一是没有想到会有这么多人愿意捐，现在的人买一斤韭菜都讨价还价，但是老百姓愿意把 10 块、20 块放在素不相识的老板那里，愿意把这碗饭送给素不相识的人吃。在今天诚信缺失、信仰缺失的情况下还有这么多人愿意奉献，这说明老百姓的爱心水平是很高的。第二个没想到，本来很多人以为会有很多人去冒领待用餐，但是两个月过去了，没发生一起这样的不该吃的人吃了的这种情况，这说明，大家把弱势群体的道德水平估计得太低了。很多事情，需要做了之后再来“骂”，不能有一种恶意推测的“惯性”。我认为，即便不想认捐，有爱心的人看到不愿意去政府救助站的流浪汉，主动停下脚步善意地告知他们“待用快餐”的具体地址也是一种功德。如果把“骂”的时间用在这儿，那么“待用公益”事业又推动了一大步。

《公益时报》：你获得了2012年度人民网十大个人微博第一名，但在实际操作层面上，你觉得通过微博这种新媒体真的就能把“待用公益”这么大的一个盘子运转起来吗？

陈里：2012年10月2日，陕西华山当晚突发游客滞留情况，我用微博直播成功帮助了游客进行疏散；12月10日，我又用两小时在微博上挽救了一对西安的轻生母子。我觉得正是有了微博这种现代媒体，人们的声音，尤其是底层的声音才可以更直接有效地被表达出来。就拿“待用快餐”来说，这个公益活动在运行过程中产生的所有问题，公众都可以在新浪微博“@待用快餐”和待用快餐的公益网站上进行投诉曝光。现在因为新媒体，官民可以有很多的沟通，媒体和公益人也能形成很好的联动，现在已经有了数十家媒体跟进“待用公益”的报道，而且我还发现许多省份和城市的共青团官方微博在响应推动，很多公益组织在支持响应。以这种合势做公益的感觉非常好！

我期待更多的地方政府、民政部门、共青团、妇联、老龄委响应支持，让他们与公益组织联手推动，这和党的政策是一致的。党和政府做宏观上的指导和保障，民间微观参与实施。

《公益时报》：说一个很真实的窘境，现在是一个诚信危机的时代，怎样在这种环境下，保证店铺将爱心商品真实发放到有需要的人手中？又

如何规避“吃白食”“霸王餐”等违背公益愿景的不良现象？

陈里：商家把生意看得像生命一样，我相信他们会认真对待。可以讲究“事不过三”原则，把奉献爱心人士的姓名及已领取数、剩余数公布在店门外，顾客可以随时监督。诚信是灵魂，是市场正常运行的基础，市场呼唤商家的诚信，与此同时，我也希望能有一个正规、统一的制度。比如说，我们可以征集爱心贴或其他标记，设置一个“待用快餐”的统一标记，经过审查，我们会授权给店铺爱心“待用快餐”标识。

而我们救助的对象，残疾人、流浪儿童、低保的老弱病残、没有找到工作的农民工，还有因特殊原因经济窘困的人，如果有相关证件最好，但是证件并不能涵盖所有的需要帮助的人，所以如果没有证件也没有关系。而且，这些待帮助的人一般外相特征比较明显，从外在样貌可以做一个基本的判断。当然，外在体面的人也可能遭遇丢钱包这种窘境，那么给他一份待用餐也无可厚非。

如果有人的身份实在不好甄别，商家可以为“待用快餐”设定领取上限，对重复领用的人的身份进行一定的核实，确保这项公益活动真正帮助到那些需要帮助的人，对那些有劳动能力、蹭吃蹭喝的人进行必要的限制。我始终认为，人的自尊心还是有的，如果有人一而再、再而三地为了图小利而不停撒谎，那么他的心理一定有问题。但我相信“待用公益”模式会感动他，最终使他成为一个正常的人。

来源：《公益时报》2013 年 7 月 26 日 作者：艾已晴

媒体对待用快餐的报道

【《新闻联播》广州：认购待用快餐给特殊人群免费享用（视频）】

http://video.sina.com.cn/p/news/v/2014-01-11/194963365697.html

【CCTV12《夜线》待用快餐：你吃饭 我掏钱（视频）】

http://news.cntv.cn/2013/07/16/VIDE1373904841363875.shtml

【CCTV13 新闻：待用快餐送给需要的人（视频）】

http://v.ifeng.com/news/society/201304/1acc5ccb-47bd-4165-8bc6-959700399fd5.shtml

【人民网电视：用快餐，人人可以做的公益（视频）】

http://tv.people.com.cn/n/2013/0521/c177969-21552242.html

【北京电视台：《北京您早》让待用快餐带动随手慈善】

http://video.sina.com.cn/p/news/v/2013-10-28/080663073203.html

【陕西卫视《今日点击》：待用快餐 期待更多参与（视频）】

http://video.sina.com.cn/p/news/v/2013-08-12/185162777251.html

【重庆卫视《新闻解码》特别关注：《如果天下有免费午餐》（视频）】

http://tv.cntv.cn/video/C38201/4048df1484aa3dddcc830e240a4e5c44

【南京电视台：待用快餐 遇冷必须从打造诚信社会做起 主流媒体应广而告之（视频）】

http://www.tudou.com/programs/view/eW7XuThSS90/

【山西卫视：买一份“待用快餐” 送给囊中羞涩的人（视频）】

http://tv.people.com.cn/n/2013/0416/c39805-21150930.html

【广东卫视：餐厅推待用快餐帮助流浪汉称不问受助者身份（视频）】

http://v.ifeng.com/news/society/201304/522d453a-f00f-4ca9-b4b4-ca52ddf446ee.shtml

【广州珠海电视台：待用快餐 待到何时？（视频）】

http://www.cutv.com/v2/2013-8-31/A14efeeglfhllnineflrr0.shtml

【中国新闻网：“待用快餐”期待化解水土不服（视频）】

http://www.chinanews.com/shipin/2013/10-09/news304374.shtml

【西安电视台关注栏目：13 分钟电视专题《从一元关爱到待用快餐》（视频）】

http://v.xiancity.cn/video/jishi/detail_2013_05/02/76088_0.shtml

【山东卫视：待用快餐”现身济南 爱心午餐传递正能量（视频）】

http://v.iqilu.com/2013/06/11/3907628.shtml

【内蒙古卫视《晚间报道》：爱心待用快餐现身呼和浩特（视频）】

http://video.sina.com.cn/v/b/116567179-1802569915.html

【人民网: 陕西公安厅副厅长陈里发起"待用快餐"将倡导"待用公益”】

http://politics.people.com.cn/n/2013/0414/c1001-21129965.html

【人民网：陈里倡导“待用 XX” 已有餐厅和电视台积极响应】

http://politics.people.com.cn/n/2013/0415/c1001-21139516.html

【人民网：让“待用快餐”带动随手慈善】

http://opinion.people.com.cn/n/2013/1017/c159301-23229660.html

【人民网评：天下有了免费的午餐】

http://opinion.people.com.cn/n/2013/0415/c1003-21132755.html

【新华网：陈里，爱心不能被风言风语扼杀】

http://news.xinhuanet.com/forum/2013-04/17/c_124589246.htm

【新华网：“待用快餐”风行 感受平民慈善力量】

http://news.xinhuanet.com/politics/2013-04/18/c_124599095.htm

【新华网：“待用快餐”另一种温暖的选择】

http://news.xinhuanet.com/local/2013-04/20/c_115467627.htm

【新华网：我为你留饭："待用快餐"有爱有尊严】

http://news.xinhuanet.com/mrdx/2013-04/20/c_132323545.htm

【新华网：官方发起待用快餐 让顾客预留饭给流浪者】

http://www.chinanews.com/gn/2013/04-26/4767840.shtml

【新华网：待用快餐"发起人："待用快餐"是"待用公益"爱心系列第一步】

http://news.xinhuanet.com/politics/2013-04/26/c_115542799.htm

【 中国青年网：待用快餐悄然兴起 微公益折射社会如潮爱心】

http://gy.youth.cn/lyb/201305/t20130513_3219584.htm

【东南网："待用公益"何时才能成为"香饽饽"？】

http://www.fjsen.com/r/2013-08/13/content_12193097.htm

【和讯网：流浪汉救跳河女 "待用快餐"与"50 元"】

http://opinion.hexun.com/2013-09-09/157856205.html

【光明网 "流浪汉救人"该有怎样的结局】

http://news.gmw.cn/newspaper/2013-09/10/content_2091608.htm

【人民日报：待用快餐，寄存温暖】

http://www.peopledaily.me/archives/9857

【人民日报：待用快餐在召唤】

http://society.people.com.cn/n/2013/0417/c1008-21162676.html

【新华日报：待用快餐"爱心虽小温暖很实在】

http://nj.wenming.cn/wmfc/201305/t20130510_1219034.shtml

【 西安日报：让全社会形成一种"待用文化"】

http://news.163.com/13/0717/06/93VFACDI00014AED.html

【西安晚报：买一份"待用快餐" 送给囊中羞涩的人】

http://www.chinadaily.com.cn/hqgj/jryw/2013-04-14/content_8755192.html

【西安晚报 评论："待用快餐"是"平民慈善"的样本】

http://news.xinhuanet.com/yzyd/local/20130416/c_115400273.htm

【广州日报："待用快餐"等待信任】

http://www.people.com.cn/24hour/n/2013/0416/c25408-21146963.html

【广州日报：你若需要，快来认吃"爱心快餐"】

http://gzdaily.dayoo.com/html/2013-05/17/content_2249385.htm

【广州日报：让"待用快餐"不再等待】

http://news.163.com/13/0812/08/962JEP9L00014AED.html

【广州日报：给需要的人买份饭 广州首家"待用快餐"店开张】

http://gdgz.wenming.cn/gzjj/201309/t20130924_1486795.html

【广州日报：媒体呼吁广泛宣传"待用快餐" 让其街知巷闻】

http://www.chinanews.com/sh/2013/10-17/5390552.shtml

【京华时报：陕一副厅长发起"待用快餐"】

http://www.chinadaily.com.cn/hqgj/jryw/2013-04-19/content_8801124.html

【南京日报：用信任端出"待用快餐"】

http://sd.sina.com.cn/news/4/2013-04-19/101511259.html

【河南日报："待用快餐"呼唤你的爱心】

http://newpaper.dahe.cn/hnrb/html/2013-04/22/content_882109.htm

【福建日报："待用快餐" 传递爱和尊严】

http://news.xinmin.cn/domestic/2013/04/22/19864190.html

【国家电网报 ："待用快餐"需要理解、信任与坚持】

http://epaper.indaa.com.cn/html/2013-04/26/content_327669.htm

【中国青年报：陕西省公安厅副厅长陈里：让低收入者体面享用"待用快餐"】

http://zqb.cyol.com/html/2013-04/30/nw.D110000zgqnb_20130430_2-03.htm

【浙江日报：海盐"爱心快餐"买一捐一】

http://zjrb.zjol.com.cn/html/2013-05/12/content_2133002.htm

【南方都市报："待用快餐"落地期待民间慈善觉醒】

http://nandu.oeeee.com/nis/201305/20/53727.html

【中国新闻周刊："待用快餐"首位响应者高文麒：天下真的有免费午餐】

http://politics.inewsweek.cn/new_detail.php?id=47402

【网易："待用"公益传递正能量】

http://news.163.com/13/0718/07/94232VD600014Q4P.html

【文汇报：让"待用文化"发扬光大】

http://sd.sina.com.cn/news/4/2013-04-19/124711309.html

【华东理工大学：第十三届创业实战赛以"待用快餐"为主题】

http://news.ecust.edu.cn/index_news_view.php?id=28812

【 公益时报 ：陈里：找到释放爱的方式】

http://gongyi.sina.com.cn/gyzx/2013-07-26/102944427.html

【中国共产党新闻网 福建日报：推行"待用公益"不妨耐心些】

http://cpc.people.com.cn/pinglun/n/2013/0816/c78779-22590799.html

【羊城晚报：羊城首家"待用快餐"存放待用餐 存放善与信】

http://www.people.com.cn/24hour/n/2013/1016/c25408-23224590.html

【美丽中国向遵义山区孩子赠送小人书为待用快餐助力】

http://house.enorth.com.cn/system/2013/10/16/011377279.shtml

【南方都市报：羊城首间"待用快餐"认购近万份】

http://epaper.oeeee.com/G/html/2013-10/31/content_1961841.htm

【南方都市报：羊城首间"待用快餐" 为贫困长者送饭上门】

http://ndent.oeeee.com/album/201310/31/8969.html

【新民周刊：从“慈善屋”到“待用公益”】

http://xmzk.xinminweekly.com.cn/News/Content/2694

【2014 国家公务员考试申论热点：慈善新花样】

http://edu.sina.com.cn/official/2013-09-25/1614396331.shtml

附录五

全国“待用快餐”响应商家一览表

1.“待用快餐”响应商家

省份	城市	餐厅名称	餐厅地址
陕西省	西安	御上文化厨房	西安市雁塔区高新路糜家桥小区管理中心楼西户
		西安素心铭蔬食饭店	西安市高新区紫薇田园都市博士路北口
		智丽快餐	西安市朱雀大街 207 号
		大厨快餐厅	雁塔区长安中路 169 号旺角广场三层
		蓉记双流老妈兔头(3家)	明德门店：西安市明德二路鑫泰园小区
			西稍门店：西安市西稍门十字天籁村二楼
			高新店：高新六路米罗蓝山 B 座一层
		今三郎紫菜包饭	西安市柏树林十字向东 88 米
		老台门汤包店	临潼区西大街区人民东邻
		渝香宛酒店	西安市友谊东路 16 号
		小馋虫麻食翠华路店	翠华路 85 中旁
		牧牛童素餐厅	西安小寨兴善寺东街索宝美食街 24 号
		品尚烧	西门总店：西门里安定广场 4 号楼 2 单元 8 层 282 室
			太白店：太白立交东北角西荷花园 3 号楼 25 层 2501
		咾酱驴	劳动路与大庆路丁字口向南 50 米路东(西仪一零一小区隔壁)
		西林春冷热牛肉面(11家)	车家巷店：西安市大车家巷中段
			长丰园店：西安市长丰园 3 号楼 2 号铺

续表

省份	城市	餐厅名称	餐厅地址
陕西省	西安	西林春冷热牛肉面(11家)	子午路店：西安市朱雀大街210号
			西荷花园店：西安市西何家村西荷花园
			永松路店：西安市永松路北段41号
			大唐西市店：西安市劳动南路大唐西市三层
			高新四路店：西安市高新四路
			银泰店：大雁塔步行街银泰国际购物中心三楼
			世家星城店：西安市丈八东路8号
			科技五路店：西安市科技五路东段
			军区店：西安市小寨军区服务社A区商业楼7层
		魏家凉皮（8家）	电子二路店：电子二路步行街南口东侧50米
			体育场店：体育场东门里
			北大街店：宏业大厦一楼北侧北大街163号
			鼓楼店：鼓楼东北角
			西一路店：西一路和案板街交会处
			东关正街店：西安市碑林区东关正街东方星苑C座一层1-1号
			大雁塔店：西安曲江新区大雁塔北广场C栋106室
			南大街店：南大街店3号
	宝鸡	牛博士精品火锅店	宝鸡市高新大道20号（新宝中对面）
	富平	富平食庄灌汤包店	富平县育才路(东区学校西邻)
	榆林	清涧煎饼	榆林市上郡南路34号
	潼关	鸿顺祥湘菜馆	潼关县兴隆街18号
河南省	郑州	谢和大盘炒鸡(谢和豆浆)	经三路红专路口东20米路北
		李记卤肉刀削面馆	工人路沁河路往东200米路南

续表

省份	城市	餐厅名称	餐厅地址
河南省	郑州	76人老烩面（6家）	玉凤路店：郑汴路玉凤路口往北200米路西
			经八路店：经八路纬一路口向北50米路东
			丰乐路店：东风路丰乐路口向南200米路东
			政通路店：京广路政通路口向西100米路南
			三全路店： 三全路柳西路交叉口向南100米路西
			工人路店：长江路工人路交叉口西北角
		白堽老字号羊肉馆（3家）	总店：红专路东明路往东20米路南
			通泰路店：商都路通泰路口向北150米路西
			喜乐城店：东风路信息学院路口向北300米路南
		陈记南阳人家面馆	中原路华山路口向南300米路东
		郑州大味盗（5家）	大上海店：大上海城负一楼E-13A
			政七街店：农业路政七街交叉口南30米路西
			文化路店：文化路农业路交叉口向北100米路西
			工人路店：工人路互助路交叉口西北角职工大学门口南侧
			友爱路店：友爱路与工人路交叉口向西200米路南
		阿利茄汁面（51家）	茄汁面总店：郑州市管城后街丹尼斯二馆东50米
			康复前街店：郑州市大学路康复前街向里50米路北
			易初莲花店：郑州市紫荆山路与商城路金城国贸西隔壁
			大上海店：郑州市二七路华荣街向里走200米
			经七路店：郑州市黄河路与经七路交叉口南100米路东

续表

省份	城市	餐厅名称	餐厅地址
河南省	郑州	阿利茄汁面（51 家）	百年德化店：郑州市二七广场百年德化一楼
			布厂街店：郑州市陇海路与布厂街交叉口向南 20 米路东
			经三路店：郑州市经三路与农科路交叉口向东 200 米路北
			火车站店：郑州市火车站北出站口向北 100 米路西红珊瑚大酒店对面
			百花路店：郑州市建设路与百花路向南 100 米路东
			东三街店：郑州市优胜北路与东三街交叉口向北 20 米路东
			丰产路店：郑州市花园路与丰产路交叉口向西 100 米路南
			曼哈顿店：郑州市未来路大浪淘沙对面向东 200 米曼哈顿商业广场
			一马路店：郑州市一马路银基商贸城西门对面
			农大店：郑州市文化路与丰产路交叉口向西 20 米
			科技市场店：郑州市文化路创新大厦对面
			建文店：郑州市文化路与黄河路交叉口向东 50 米
			铭功路店：郑州市铭功路豫港大厦
			政七街店：郑州市农业路与政七街交叉口向南 10 米路西
			东风路店：郑州市东风路与信息路交叉口
			十里铺店：郑州市商都路与十里铺街交叉口
			大学路店：大学路与桃源路交叉口路西
			花园纬五店：花园路与纬五路交叉口 20 米路南
			南阳路店：南阳路苏宁电器对面

续表

省份	城市	餐厅名称	餐厅地址
河南省	郑州	阿利茄汁面（51家）	经三丰产店：丰产路与经三路向东31米路北
			裕鸿国际店：商城路与紫荆山路裕鸿国际
			陈砦店：文化路陈砦中街路西
			未来商城路店：未来路与商城路交叉口向北100米路东
			帝湖店：航海路与桐柏路帝湖花园
			大同路店：火车站大同路路南
			东明路店：河南省肿瘤医院对面
			升龙国际店：大学路与政通路升龙国际广场美食街一楼
			太阳城店：中州大道与航海路交叉口富田太阳城广场一楼
			管城街店：管城街与西大街交叉口向北50米路东
			德化街店：二七广场德化街与延陵街交叉口路东
			玉凤路店：金水路与玉凤路交叉口向南50米路东
			火车站广场店：火车站广场天泉大酒店向北
			庙李店：丰庆路庙李中街街口
			宝龙广场店：农业东路与九如路交叉口宝龙广场B区2号门
			文博店：东风路与文博西路交叉口向南500米
			中原万达店：中原路与华山路交叉口向南50米路东
			凤凰城店：郑汴路与英协路交叉口向南500米路西
			纬五经一路店：纬五路经一路交叉口路北
			大同路二店：大同路与福寿街交叉口向东20米路北
			徐寨店：花园路与广电南路交叉口向西100米路北

续表

省份	城市	餐厅名称	餐厅地址
河南省	郑州	阿利茄汁面（51 家）	新悦城店：大学路与政通路交叉口
			大润发店：紫荆山路与陇海路交叉口向东 50 米路北
			西七街店：商务西七街与内环路交叉口
			东电视台店：商务内环东二街中段
			大石桥店：金水路南阳路交叉口向北 200 米路西
			健康路店：健康路和黄河路交叉口往南 100 米
		真得劲方言主题文化餐厅	金水区经七路纬一路交叉口向北 50 米路东
		米爱·五谷养生粥坊	郑州上街店：郑州市上街区淮阳路江南小镇西门
	三门峡	米爱·五谷养生粥坊	崤山路旗舰店：三门峡市崤山路与永兴街交叉口西 10 米
			虢国路店：三门峡市虢国路中段教堂对面
			黄河路店：三门峡市黄河路与大岭路交叉口西 10 米
			陕县温塘店：陕县温塘卧龙街金色阳光小区旁
			义马金源盛店：义马市鸿庆路金源盛国际大酒店一楼
	濮阳	西三餐厅	濮阳市黄河路西段职业技术学院餐厅西三楼
		速宝餐厅	濮阳市黄河路与振兴路交叉口南 20 米路西
		馨学缘餐厅	黄河路西段职业技术学院院内
	洛阳	洛阳四季 SEASONS 餐厅	洛阳中州中路 268 号时代美食广场院内
	漯河	老陕西	漯河市泰山路北段房管局南 100 米
		帝苑	漯河市泰山路北段房管局南 100 米
	开封	冒牌火锅菜	河南省开封市鼓楼新天地食坊内 3 号楼 06 号（新天地木桶饭向北 50 米路东或百变斜对面）

续表

省份	城市	餐厅名称	餐厅地址
河南省	平顶山	瑞瑞麻辣面（3 家）	劳动路店：平顶山市矿工路与劳动路交叉口向南 100 米路东
			建开岗店：平顶山市建设路与开源路交叉口西南角二楼
			曙光街店：平顶山市曙光街第二人民医院东侧
	南阳	虹泥小厨南阳荷花广场店	南阳市中州东路与解放路交叉口向南 100 米 向阳荷花广场楼下
		东盛烩面村	南阳油田泰山路中段东盛烩面村
		老陕西（2 家）	总店：仲景路防爆厂对面
			育阳店：七一路十二小东 50 米
	鹤壁	鹤壁发源焖罐	鹤壁市山城区建设街 新长途汽车站北 10 米
		鹤壁祥隆食品有限公司（3 家）	鹤壁市淇滨区黄河路市教委西 50 米
			鹤壁市淇滨区淮河路淇滨菜市场门口东侧
			鹤壁市淇滨区黎阳路中段佳和豪苑东侧
		鹤壁阿香烩面	鹤壁市淇滨区黄河路东方世纪城南门东侧
	周口	茂元烩面	周口市川汇七一路与汉阳路交叉口向南 200 米路东
江苏省	南京	鸿福面馆（5 家）	南京市秦淮区（原白下区）科巷西白菜园 27 号
			南京市秦淮区（原白下区）侯家桥 15 号
			南京市鼓楼区广东路 5 号
			南京市华侨路 33–8 号（房管局旁边）
			八宝前街 9–5 号，如家快捷酒店和尚书巷菜场的对面
		潘家小馆	南京市秦淮区中华路 515 号
		南京好婆小吃店	南京市玄武区石婆婆庵 12 号
		豪记香辣龙虾	南京市鼓楼区（原下关区）金燕路金陵六村 18 号 102 室

续表

省份	城市	餐厅名称	餐厅地址
江苏省	南京	小鲜鲜抄手	南京市秦淮区（原白下区）丰富路(小板巷口)
		山西面馆	南京市江宁区莱茵达路 248 号
		哈尔滨大徐水饺	南京市江宁区竹山路 360 号
		镇江锅盖面	南京市秦淮区应天大街 331 号
		兰州正宗牛肉拉面	南京市秦淮区中华门地铁站一号出口旁集合村 83–1
		麻辣烫	南京市秦淮区许家巷 2–3 号
		湖南米线王	南京市秦淮区许家巷 10 号
		川香人家	南京市雨花区雨花西路 16 号
		兰州拉面	南京市雨花区雨花西路 210 号
		高记面馆	南京市雨花区雨花西路 212 号
		老字号面馆	南京市雨花区雨花西路 222 号
		姚记面馆	南京市雨花区雨花西路 16–20
		兰州正宗牛肉拉面	南京市雨花区雨花西路能仁里 2 号 5 栋 104
		西北特色小吃	南京市雨花区雨花北路
		项记大碗皮肚面	南京市雨花区雨花西路能仁里 1 村 6 栋 103 室
		金陵鸭血粉丝汤	南京市秦淮区许家巷 14–8
		QQ 蛋包饭	南京市秦淮区中华路 290 号
		台式便当	南京市秦淮区洋珠巷玉带园 75 号
		兰州马记拉面	南京市秦淮区（原白下区）慧园街 2 号
		镇江锅盖面	南京市秦淮区弓箭坊 39 号
		兰州拉面	南京市秦淮区（原白下区）洪公祠 2 号 101
		三条巷报亭	九佰堂参茸行中华路店、洪武路店、丹凤街店
		阿文三海鲜馆	南京市玄武区红山路 98 号红山美食城 2 栋
		九佰堂	中华路 361 号、洪武路 199 号长发银座、丹凤街唱经楼 1 号
		大娘水饺	秦淮区健康路 106 号
		品香老鸭血粉丝店	中华路 292 号
		北方水饺	大油坊巷 28 号
		老秦淮区牛小吃店	夫子庙大石坝街 93 号店
		目竹村	磊功巷 12 号

续表

省份	城市	餐厅名称	餐厅地址
江苏省	南京	黄记肉卤面	长乐路378巷广场
		品香老鸭血粉丝汤连锁分店005	秦淮区长乐路76号
		人合人餐厅	秦淮区长乐路78号
		东北水饺	秦淮区箍桶巷
		老鸡汤面馆	南京市秦淮区（原白下区）金銮巷2号
		风波庄	南京市秦淮区（原白下区）金銮巷羊皮巷交叉口南
		正宗兰州老马牛肉拉面	南京市秦淮区（原白下区）羊皮巷25号
		苗记大碗皮肚面手工水饺	南京市秦淮区（原白下区）抄纸巷11—26临
		老三面馆	南京市秦淮区（原白下区）游府西街35—1临
		黄焖鸡米饭	南京市秦淮区（原白下区）文昌巷7号
		旺旺大鲜面	中山东路136号
		品客便当	中山东路136号
		新起点中式快餐	铜井巷7号
		九鲜面	科巷116号
		鲜果林	科巷116号
		大象米线	明瓦廊129号
		台湾小吃	明瓦廊121号
		金聚兴来碗馄饨	抄纸巷11–36临
		盛京饺子	南京市白下区文昌巷29号
		顺义面馆（2家）	南京市秦淮区（原白下区）常府街31号–2
			南京秦淮区常府街31号
		鸭味先老鸭粉丝馆	南京市瑞金路2号
江苏省	苏州	池上便当柏庐店	昆山柏庐中路380号
	扬州	3+3快餐店	江苏省扬州市汶河南路86号
	徐州	泰和茶馆	滨湖新天地C区泰和茶馆
	滨海	东坎镇一日三餐餐饮公司	滨海县中市南路，世福花园
	无锡	甘杯奶茶店（2家）	无锡市解放南路709号–1
			无锡市崇安区钟楼街9号（二店）

续表

省份	城市	餐厅名称	餐厅地址
江苏省	无锡	卷之味	南禅寺商城 116–1
		小蔡一碟锅盖面店	无锡市广益佳苑 63–1
贵州省	遵义	黔香一品·经典黔菜餐厅	遵义市宁波路中段(老航中旁)
		大世界海鲜食府	遵义市珠海路 1 号
		黎家寨	遵义市宁波路(维也纳春天对面)
		梅哥鲜鱼谭餐厅	遵义市广州路(市国土局对面)
		大众香黔菜食府	遵义市厦门路警官花园 2 楼
	贵阳	老凯里酸汤	贵阳市南明区
黑龙江省	哈尔滨	宝宇立都时尚火锅	哈尔滨道里新阳路 365 号
		夏威夷餐饮连锁有限公司	哈尔滨市南岗区学府路副 1—33 号
吉林省	长春	金管家外卖郎	长春市南关区体北路 276–5 号省人大宿舍 1 栋 1 门 101 号
辽宁省	大连	兄弟小炒	沙河口辽师大学北山美食街
山东省	济南	徐福祥烩面	市中区经四路万达广场万达凯悦酒店西侧
	临沂	留一碗养生私房面馆	临沂市人民广场银座商场北临
		外婆小镇私房面馆	山东省临沂市罗庄区双月湖路中段
	淄博	金月湾水饺	新村路劳动大厦东 200 米路南(金丰大厦一楼)
	德州	百味·妈妈流水线	德州市德城区勤奋街
		逸饼快餐店	德州市德城区新华路新湖家园 4A 楼 77 号
河北省	衡水	康城馄饨馆	桃城区榕花北大街康城世纪小区门口北侧
	廊坊	天翊阳光餐厅	文明路 18 号廊坊日报社门店
		合家欢妈妈菜	廊坊步行街第三大街北外街都市花园楼
	张家口	野战营主题餐	张家口市建国北路法院北侧 200 米

续表

省份	城市	餐厅名称	餐厅地址
广东省	广州	弘善素食	广州市海珠区南华中路 247 号首层
		缘缘素食	广州市越秀区净慧路 48 号
		广州素满香	广州市白云区黄石东路 299 号
		紫竹林素食	海珠区南田路 77 号(近地铁凤凰新村站 B 出口)
	珠海	陈师傅杂酱面	珠海吉大路 107 号商铺
		嘎已人隆江猪脚饭吉大店	香洲区吉大路 99 号柏丽商务酒店一楼
	东莞	鹅爸爸七号店	东莞市桥头镇桥光大道（桥头段）42F 号（小明珠幼儿园正对面）
		正善素缘素食馆	南城区朝阳路豪然居 11 号铺正善素缘(旧石竹花园北门对面)
		乐善素食馆	南城区西平下手村
		莲海真味	广东省东莞市常平镇天鹅湖路丽景新园 39–40 号
		一品面居	东莞市南城区鸿福路口新城国际酒店楼下
		菩提素食馆	东莞市莞城东纵大道威尼斯广场 A 区 218
	佛山	5 元素食茶馆	广东省佛山市南海区大沥镇黄岐步行街北 D34 号（黄岐公园牌坊）
	汕头	八宝粿汁	广东省汕头市潮阳区棉城棉新大道口美路口矮佬大排档
云南省	昆明	锦美园饭店（旧老华侨烧烤）	云南昆明新亚洲万景园 G1 栋 10–11 号商铺
		福照楼	昆明福照楼锦江分店，昆明市北京路 98 号 / 昆明福照楼云瑞分店，昆明市云瑞西路 36 号
	大理	随意小吃	大理市文化路口随意小吃文化店 / 大理市福文路滇纺社区随意小吃滇纺店
青海省		牛肉面大王	青海省达日县吉迈镇红科东路 9 号
		店名晓韬小炒	青海省达日县吉迈镇建设路
甘肃省	兰州	和尚头面庄	兰州市城关区农民巷 8 号(旅游大厦西侧巷子里)
浙江省	长兴	阿牛嫂	浙江省长兴县西鱼巷 71 号

续表

省份	城市	餐厅名称	餐厅地址
福建省	厦门	素渡禅文化主题餐厅	思明区厦禾路866号(近火车站)
湖南省	长沙	姐妹米粉	湖南省长沙市芙蓉区付家花园A1栋西头门面
湖北省	武汉	乐乡人家饭馆	武汉汉口车站路
安徽省	合肥	椒王拉面馆	合肥客运总站敬亭山路
海南省	海口	汉江婷韩国料理国贸店	海口市龙华区金龙路16号(市公安局斜对面)
内蒙古	呼和浩特	面香园	内蒙古呼和浩特回民区战备路
直辖市	北京	左陕右甘面食工坊	北京市朝阳区安慧里小区4区1号楼21号
	上海	利味记快餐	张江路780号正对的张江路紫薇路公交站，红色餐车
		好邻舍小吃	普陀区中潭路99弄149号
		喜迎客美食城	闵行区漕宝路1245号
	重庆	泰源快餐	重庆市酉阳县亚伸广场2栋1楼B1号

2. 其他类别

贵州遵义	待用面包	贵州龙膳香坊	遵义市宁波路（维也纳春天对面）
		滋诺烘焙坊	遵义市广州路（新航中斜对面）
	待用图书	新知图书遵义店	遵义市香港路（北京华联旁）
	待用文具	真诚文印	遵义市香港路（盛邦地标对面）
		鑫磊办公中心	遵义市大连路（长沙路口斜对面）
	待用影票	世纪星光电影城	遵义市香港路港澳广场一楼（北京华联楼下）